管幕预筑地铁站施工力学效应研究

黎永索 张可能 杨 仙◎著

GUANMU
YUZHU
DITIEZHAN
SHIGONG
LIXUE
XIAOYING YANJIU

中南大学出版社
www.csupress.com.cn
·长沙·

U0742791

内容简介

管幕预筑法是一种建造地下空间暗挖新技术。它利用前期密排顶进的相对刚度较大的大直径钢管作支护，将管间贯通形成管廊空间，在管廊内预筑地下永久结构，然后利用永久结构的支护进行大跨度地下大空间的开挖，该暗挖施工技术具有施工安全、无须降水、地表沉降小、工期短、建造空间大、对地面交通、周边商业和居民生活影响小等特点，具有很好的环境效益和社会效益。管幕预筑法适于土质软弱或无胶结的砂、卵石等第四系地层条件下或不宜明挖施工的地下工程，以及地面建筑密集、交通运输繁忙、地下管线密布，且对地表沉降有严格要求的城区地下工程建设，特别是城区地下枢纽工程和交通干道下的地下工程建设。

本书主要内容包括绪论、管幕预筑地铁车站施工背景、管幕预筑隧道支护理论分析、密排管群顶管施工地表沉降与控制、地铁车站大开挖施工地表沉降与控制、管幕预筑地铁站数值分析、管幕预筑地铁站现场试验、结论与展望。

前　言

　　管幕预筑法是一种建造地下空间暗挖施工新技术，具有施工安全、无须降水、地表沉降小、工期短、建造空间大、对地面交通、周边商业和居民生活影响小等特点，适于在土质软弱或无胶结的砂、卵石等第四系地层条件下或不宜明挖施工的地下工程，特别是对地表沉降有严格要求的城区地下枢纽工程和交通干道下的地下工程建设。

　　管幕预筑法是一种非常值得研究和总结的新型地下工程建设暗挖技术。对管幕预筑法进行研究，可为该工法在国内的首次应用提供指导，也为完善管幕预筑地下空间的设计理论和施工技术提供指导；可形成适应我国地层条件和国情的地下工程建造技术和规范性技术文件，对于推动我国地下工程建造技术的发展和创新具有重要的意义。

　　本书的科研项目支撑情况为：国家自然科学基金面上项目"密排大直径管群顶管施工引起的地层变形机理及试验研究（51678226）"、中国建筑股份有限公司科研项目"预筑法建造地下空间综合技术（CSCEC - 2009 - Z - 19）"、湖南省科技计划项目"管幕预筑法大直径管幕施工对环境的影响与控制研究（2014SK3180）"、湖南省教育厅重点项目"管幕预筑法密排大直径钢管群施工相互作用及顶管顺序优化研究（15A035）"、湖南省教育厅科研项目"管幕预筑法地铁站施工地层变形模式研究（11C0246）"。本书的编写得到了中建交通建设集团有限公司、中南大学和湖南城市学院同一课题组成员的大力支持与帮助，在此表示衷心的感谢！

　　本书是对管幕预筑法建造地下空间技术的一次总结和尝试，由于时间和精力的限制，文中不妥之处恳请读者批评指正！

作者

2020 年 1 月

目 录

第 1 章 绪 论

1.1 选题背景

　　城市地下空间是指城市规划区内地表下，以土体或岩体为主要介质的空间领域。在城市化发展的过程中，城市的扩张与土地等资源供给不足的矛盾越来越明显。地下空间作为人类在地球上生活的第二个空间越来越受到重视，很多国家已经将"21 世纪作为人类开发利用地下空间的年代"作为国策，制定了地下空间开发的规划和开发目标，以提高城市设施水平，从而吸引更多的技术工人和公司，增加城市的竞争力。

　　城市空间有两个发展方向：一是水平方向的拓延，即建设周边卫星城市；二是在垂直方向的发展，即城市的立体开发。在城市发展最初阶段，主要表现为水平方向的拓延，但受土地资源的稀缺性限制，水平方向的发展受到限制，且存在基础设施增加、能源浪费严重、各种资源配置不合理、实用效率降低等诸多问题。城市空间的立体开发成为城市的主要发展方向。

　　理论上，城市地下空间资源的开发几乎是无限的，然而，城市地下空间的开发受到地质条件、水文条件、岩土类型、地面空间类型、已有地下设施、施工技术、经济能力、文化遗址、开发后的社会效益和环境效益等诸多因素的影响和制约，且其开发利用具有一定的不可逆性，已建成的地下空间一般很难甚至无法改造重建。

　　我国主要大都市的地质条件复杂多样，长江三角洲、珠江三角洲的一些大都市地层比巴黎、伦敦和纽约要软弱，与东京比较不相上下。还有一些大城市处于岩溶发达区、膨胀土或丘陵地带。地下空间建设中遇到的问题复杂，地下工程建设具有投资大、施工周期长、施工项目多、施工技术复杂、不可预见风险因素多和对社会环境影响大等特点，是一项高风险建设工程。

　　由于隧道及地下空间工程开发逐渐向深埋、长大方向发展，隧道支护结构失稳而导致的隧道工程事故越来越多。媒体报道显示近几年城市地下工程事故频发，造成了很大的经济损失和人员伤亡，地下空间开发面临的安全问题不容忽视。在路面交通拥挤、建筑林立和地下管线密集的城市，地下工程施工遇到的周边环境越来越复杂，而对环境进行保护的要求也越来越高，研究和实践新的施工方法开发利用地下空间，是确保施工安全和最大限度降低对环境影响的有利途径。

由国外引进的新管幕工法（new tubular roof method，简称 NTR 工法）建造地下空间技术首次在沈阳地铁 2 号线新乐遗址站得到应用。笔者在管幕预筑建造地下空间的研究过程中，对 NTR 工法进行了深入研究。为结合该工法的特点，将该工法称之为管幕预筑法（pipe-roof pre-construction method，简称 PPM）。为了使工法更加明确、具体和便于推广应用，本书重点研究管幕预筑建造地铁车站结构施工过程的力学效应，目的是为了全面、系统地总结管幕预筑法建造地下空间技术，形成适用于我国地层特点和环境的施工技术，促进该技术在我国的应用和推广，促进我国地下工程建造技术的进步。

1.2 地铁车站施工方法及研究现状

地铁车站的建设是地铁工程建设的一个难点，也是一个控制性工程。目前，地铁车站的施工方法有明挖法、盖挖法、洞桩法、盾构综合法和管幕预筑法等。管幕预筑法是一种新型的地下工程建设暗挖工法，在美国、日本、韩国和新加坡等国家有比较多的应用案例，在国内尚属首次实施。

1.2.1 明挖法

明挖法在各类土建项目中已广泛应用。地铁车站采用明挖法施工时，车站施工范围比较大，可以布置多个作业面同时施工，因而施工的速度较快、施工工期较短、施工质量易于保证、工程直接成本低，是很多国家地铁车站施工的首选方法。在地面交通和周边环境允许的条件下，有宽阔施工场地的浅层地铁车站，适合明挖法施工，可以修建的地下空间也比较大，如包含地下商场、停车库、娱乐场所等多功能的地下综合车站。

明挖法是我国地铁车站建设中应用最广的方法，目前主要采用放坡开挖和基坑开挖这两种施工方法。不同的地质条件均可采用明挖法施工，车站基坑的支护体系主要有灌注桩、地下连续墙、SMW 工法桩、H 型钢桩、复合土钉墙、加木背板和钢板桩围堰等。

灌注桩采用钻孔和人工挖孔两种方法，利用排桩构成桩墙挡土与防水。钻孔灌注桩机械化程度较高，施工速度快，安全性好，适用范围广。人工挖孔桩对地层强度要求较高，可采用圆形、方形、椭圆形等多种断面形式。无水的地层或地下水位较低时可采用人工挖孔桩，其施工质量和强度要高于普通的钻孔灌注桩。在水泥土搅拌桩内插 H 型钢等劲性材料的 SMW 工法桩，利用型钢增强水泥土搅拌桩的抗剪和抗弯能力，具有占地少、无污染、施工速度快、防水效果好和造价低等优点，在 6～10 m 范围的基坑支护中具备较强的优势，在软土地区被广泛采用。地下连续墙结构适合于饱水砂层、饱和淤泥土层等软弱地层，既可有效地阻隔地下水，又可控制土压力，还可作为车站结构的一部分，有效降低了工程造价。

明挖地铁站工程较多，许多专家学者对明挖法进行了研究，已经形成在软弱地层中进行基坑维护、开挖、支撑和结构施工的系统施工方法。

李兆平等结合国内在既有铁路站场下采用矿山法施工的南京地铁 1 号线的南京站施工，在地表线路和便梁支墩上进行了施工监测，分析了地铁过站隧道施工对环境的影响，论证了铁路线路的过站隧道施工方案和加固措施的合理性。

苏斌提出了明挖顺筑法施工的紧邻北京地铁和平里北街站东北风道深基坑加固施工方案，通过类比分析法结合实际施工沉降量测数据对沉降进行了分析，论证了施工方案的可行性和优越性。

徐岩等以沈阳地铁 1 号线工程为例，研究了在砂性地层中地铁施工引起的维护结构变形、位移，流沙、管涌，地面、管线和相邻建筑物的沉降和破坏，以及土体固结和地下水的变化等环境岩土工程问题。

张俊儒等将明挖工法和暗挖工法对道门洞口段的力学特性进行了对比研究，认为洞口段长度取 42 m 进行整体设计比较合理，在洞口 28 m 范围内的浅埋段，拱顶围岩压力随着埋深的增大而逐渐增加，且暗挖工法产生的围岩压力最大，铁路规范计算结果次之，明挖工法产生的压力最小。

曹红林介绍了广州地铁 3 号线五山站至华师站区间基坑中矿山法隧道进洞的设计与施工要点，认为对隧道洞门段地层进行超前加固，在基坑施工过程中合理组织工序，穿插进行矿山法进洞施工的部分工序，并加强隧道初期支护，既保证了明挖基坑的稳定，又使矿山法隧道安全进洞。

王海平等以青岛地铁一期工程青岛站为工程背景，结合明挖法和暗挖法各自的优点，分析了岩石地区明暗结合的车站设计特点，对明挖段和暗挖段分别采取不同的支护形式，并进行了数值模拟分析验证，对大跨度、明暗结合基坑工程的结构设计方法进行了研究和总结。

温锁林结合上海东西通道跨越地铁 2 号线工程，考虑基坑开挖的时空效应和发挥隧道抗弯刚度，将基坑分为若干个小基坑，基坑围护墙和分隔墙采用 SMW 工法施工，小基坑采用跳仓和分层开挖方式，完成了大型基坑明挖施工中对下方运营地铁的保护。

杨晓杰等对北京地铁 10 号线基坑明挖法施工采用 FLAC^{3D} 数值分析软件进行了研究，分析了围护结构和基坑周边地表的变形规律以及围护桩参数(桩长、桩径)的变化对基坑稳定性的影响,并与实测数据进行了对比分析,为北京地铁10号线明挖法设计和施工提供了依据。

肖铭钊等以武汉长江隧道武昌明挖段基坑工程为例,采用弹性地基梁法考虑基坑分步开挖和逐级加撑的动态施工过程,进行有限元仿真开挖并结合监测数据,采用位移反分析方法反演各土层参数,建立了基于本工况预测下一工况或相邻断面的扩展型位移反分析预测模型。

王海平等以青岛地铁车站设计为例,在岩石地区地铁车站设计中采用明暗结合方案,在明挖段采取钢管桩+锚杆和喷锚的支护体系,暗挖段则采用全长黏结型砂浆锚杆与中空注浆锚杆的支护体系,并通过数值分析进行了验证,该明暗结合方案为岩石地区类似工程积累了经验。

明挖法施工有其优越性,但是其缺点也同样明显,明挖地铁车站施工在地面"开膛破肚",占用交通干道施工时间较长,给本就紧张的交通增加了压力,对周边环境、商业活动与居民生活造成较大的影响。地铁站应用明挖法施工受到越来越多的限制,特别是周边环境和地面交通不允许明挖法施工时,则只能采取其他施工方法。

1.2.2 盖挖法

盖挖法是在车站的围护结构与支撑条件下,利用结构的顶板或临时结构保持地面交通,并在其保护下施工地铁车站。根据地铁车站的结构施工顺序分类,有盖挖逆筑法和盖挖顺筑法两种工法。

盖挖逆筑法与明挖法的主要区别在于主体结构的施工顺序不同,盖挖逆筑法施工时交通封堵时间短,对周边环境的影响小。盖挖逆筑法施工利用H型钢为柱芯构成的钢管或钻孔灌注桩,可以有效控制周边地表沉降,并可对地下连续墙底进行注浆预加固,提高基底持力层强度和刚度,使地下连续墙和临时支撑柱共同承担上部荷载,实现降低差异沉降的目的。其土方开挖与支撑施工的过程中,混凝土板在水平方向的刚度很大,有效约束了地下连续墙的变形和位移,发挥了一撑两用的功能,减少了工程量,缩短了工期,节约了成本,有效控制了墙体位移。

盖挖顺筑法是在不中断交通的情况下,先沿车站外侧施作人工挖孔桩,然后沿道路方向建立两排临时中桩以铺设临时路面,开挖临时中桩土方,然后分别以临时中柱与外侧人工挖孔桩做支撑铺设临时路面和开挖桩间土方形成地下空间,自下而上顺筑地铁车站主体结构和结构顶部道路的恢复。该方案能较好地适应外部环境限制严格的要求,有利于控制车站的造价、工期和质量。盖挖顺筑法适用于市区浅埋地铁车站。

地铁车站盖挖顺筑法和盖挖逆筑法各有优缺点,盖挖顺筑法具有造价低,易于保证主体结构施工质量的优点,其缺点是占用道路多,占用周期长,一般达到

17 个月以上，场地有限，临时设施无法布设，材料存放和加工场地受限，钢支撑的刚度相对较小，基坑周围变形大，基坑暴露时间长，大型社会活动可能造成工期延误。盖挖逆筑法占用道路时间可缩短 7 个月，在顶板封顶后可作为材料、土方的临时堆放场地，对景观影响小，车站顶板和中板作为支撑，刚度很大，基坑周围变形小，可避免不确定因素造成的工期延误，保证主体结构施工质量，施工造价虽略有增加，但施工对地面交通、商业活动和居民生活的影响较小。

李顺群等基于理想弹性理论，利用墙单元间的位移和内力协调条件，建立了地下连续墙在开挖过程中的解析方法。通过改变边界条件和连续性条件，可以模拟理想弹性介质中的无支撑开挖和盖挖逆筑法等施工过程，得到了两种施工方法对应的位移和内力解析式。

徐加民介绍了装配式铺盖法，这种施工方法的特点是通过盖板与临时支撑构件的标准化设计实现地铁车站盖挖法设计的标准化，对既有地下管线采取悬吊和保护措施，避免改、移管线带来的风险，节约了投资，缩短了施工周期，有效地缓解地铁车站盖挖施工与地面交通和环境之间的矛盾。

陈鹤等结合盖挖逆筑法，总结出一种适合大型地铁基坑工程的"半逆筑"环板形支撑体系，盖板周围逆筑，中间顺筑，并对这种支撑体系的技术经济、设计和施工中的关键技术进行了研究，运用 FLAC^{3D} 建立三维模型，模拟了开挖过程中环板支撑体系的内力变化及基坑开挖引起的周边环境变形变位等。

陈海锋等根据盖挖法的基本原理，提出了"明挖扣拱法"，即先明挖浅埋段拱部，施工拱部套拱混凝土（根据需要加设拱架和钢筋），根据需要对套拱进行防渗处理（如遇到沟谷等）和回填，利用扣拱的保护进行下部优化施工，根据地质条件采用台阶法或全断面法开挖。这种施工方法和"半逆筑"环板形支撑体系拓展了盖挖法的应用。

盖挖法相对明挖法而言，减少了对交通、环境、商业和居民生活的影响，但是施工过程中仍需部分或全部封闭道路进行施工，占道施工时期较长，对地面交通和周边环境造成较大的影响，在闹市区交通干道下采用盖挖法修建地下空间的应用也受到了制约。

1.2.3 洞桩法

我国工程师于 1992 年首次提出浅埋暗挖洞桩法（pile-beam-arch method，简称 PBA 工法）建造地铁车站的施工方法，该方法是在传统地下工程施工技术的基础上，把地面建筑的施工理念引入到地下工程中，通过小导洞、挖孔桩、扣拱等成熟技术的有机组合，从而形成一种新的工法，体现的主要思想是："变明为暗，变大为小，变浅为深"。该方法具有施工安全度较高、可大量减少临时支撑、造价相对较低、工期较短等优点，适用于地面交通繁忙、地下管线密布、对于地表沉降要求较高的地区,此法逐渐成为我国近几年地铁建设中应用较多的新施工方法。

北京地铁东单站是国内首个采用了洞桩法施工的地铁站,施工过程对地面交通和周边环境影响很小,施工的安全性得到了保证,取得了较好的经济和社会效益。天安门西站首次采用了洞桩法逆筑施工,北京地铁建设中应用的洞桩法的车站越来越多,对洞桩法的施工工艺和施工过程的数值分析方面已有较多的研究,对洞桩法施工从理论、设计和施工等方面的系统研究还不够深入,尚需深入研究以指导越来越多的工程应用。

杜彬对地铁车站洞桩法施工对邻近桩基的影响及控制措施进行了研究,总结了地铁车站洞桩法施工时周围地层变位规律和影响因素,对比分析了不同结构形式和不同的施工方法对地层的影响范围和规律,采用极限平衡方法和数值分析方法研究了车站施工时邻近单桩和群桩基础的荷载传递及邻近桩基的沉降变形规律,提出了邻近桩基分类、分级保护和分施工阶段设置三级沉降控制管理等级,制定了邻近桩基沉降控制标准的基本原则和控制指标,根据保护等级确定施工方法和加固措施。

何海健结合北京地铁 10 号线国贸站工程建设中的主要难题,从空间效应、时间效应和邻近桥基差异沉降三个方面研究了洞桩法施工对邻近桥桩的影响,并提出了相应的控制措施。

王霆等通过对现场监控量测数据的统计分析,总结了北京地区黏性土与砂性土互层的地质条件下,地铁车站浅埋暗挖法施工引起地表变位的一般规律。

洞桩法施工开辟了我国地铁车站暗挖施工的先河,相对明挖法和盖挖法而言,无须中断交通,对周边环境、商业和居民生活的影响很小,但是洞桩法的边桩施工在小导洞中进行,工作面小,施工难度较大,应用受到限制。

1.2.4 盾构综合法

盾构综合法是一种在盾构隧道基础上进行扩挖,或者利用连体盾构机或大直径盾构机建造地铁车站的暗挖工法。盾构综合法可充分利用盾构设备,提高地铁车站施工的机械程度和工程质量,增加施工的安全性,缩短建设周期,降低工程总体造价,施工过程不需中断地面的交通,不需改造地下管线,这种施工方法适用于市区深埋车站和线路交汇处换乘下层站等。

盾构综合法建造地铁车站的施工方法发展较快,主要有扩挖法、托梁法、半盾构法、固定式或分离式连体盾构法等。扩挖法是以两条单线区间盾构隧道为基础进行扩挖而形成地铁车站,适于建设单层岛式车站。托梁法利用两条单线区间盾构隧道在外侧先修建车站结构的立柱,在两侧立柱顶部将托梁压入区间隧道间的地层中,利用托梁的支撑作用进行车站上部土体开挖和拆除管片,然后支模浇筑车站的顶部结构,随后进行车站下部土体的开挖,拆除剩余的管片和建造下部结构。半盾构法是直接建造两条平行隧道,可修建较宽站台的岛式车站。分离式或固定式连体盾构机则可直接建造单层地铁车站。

伊朗的 Tabriz 某地铁车站采用了一种新型的利用盾构法扩挖的预筑混凝土拱支护体系(concrete arch pre-supporting system, CAPS),CAPS 利用盾构管片的支护作用,在管片上开口后,从开口处沿管片外侧局部掏土后,预筑混凝土拱结构,利用预筑混凝土拱结构的支护进行车站的扩挖和管片的拆除,然后顺筑车站的二衬结构,该方法为地铁车站施工提供了一种新型的利用盾构扩挖建造地铁车站的方法。

路美丽对盾构先行条件下拓展地铁车站的施工方案及施工风险进行了研究,对各种拓展地铁车站的结构设计和施工进行了总结和归纳,提出采用在盾构隧道外侧挡土隔离桩 + 隧道内临时钢管柱支撑 + 盾构管片纵向上的预应力共同组成的支撑体系解决盾构管片拆除的技术方案,借助模型试验对括挖法施工技术进行可行性分析,并对施工过程中的特殊风险源识别进行了分析,提出了应对风险的对策。

张新金等以北京地铁 10 号线三元桥车站自起始里程 18.6 m 范围作为试验段,开展盾构法与明挖法结合建造地铁车站的结构方案研究。详细探讨了该新型地铁车站结构设计中的特殊管片结构以及管片与车站主体结构连接的节点设计和结构防水方案等关键问题,为地铁车站施工方法提供了新的思路。

盾构综合法虽然具有暗挖工法的优点,但是以盾构隧道为基础进行扩挖建造地铁车站,其施工所使用的机械复杂,安装操作难度大,施工必须先隧后站,增大了盾构隧道距离,对盾构设备的刀头提出了更高的要求,中途更换刀头则增加了施工的风险,延长了施工周期,增加了施工成本,且车站建设的规模较小,一般只能建造单层的车站,应用受到了限制。

1.2.5 管幕预筑法

管幕预筑法在国内开始应用后,其名称发生了变化,有预筑法、新预筑法、管幕预筑法三种说法。预筑法是在地下空间形成前预先完成了地下结构,与逆筑法意思差不多,且概念比较广泛,没有体现与一般逆筑法的区别。为了区别预筑法与逆筑法,进一步体现预筑法与逆筑法的差异,将预筑法改为新预筑法。新预筑法这个名称限定的范围不清晰,仍然不能明确地反应该工法的特点。

基于该工法的工艺特点,即在管幕内预先建造地下结构后进行土方开挖,参照管幕箱涵法的组合命名方法,称之为管幕预筑法。该工法结合了预筑法的命名思想,同时在新预筑法命名思想的基础上对施工方法进一步限定,这一命名更准确。该工法与管幕箱涵法又不同,管幕箱涵顶进的钢管是沿结构轮廓线外侧顶管,顶管仅作为一种支护措施,然后顶进预先做好的箱涵结构,而管幕预筑法顶管是沿结构轮廓线顶管，地下结构是在打通的钢管廊道内现浇混凝土而成，钢管廊道可以作为地下永久结构的一部分发挥作用。

因管幕预筑法在国内是首次应用，没有相应的设计与施工规程等技术性文件，国内对这种工法命名研究较少，根据对该工法特点的深入研究，以管幕预筑法命名比较合适，便于研究和推广应用。

管幕法是利用微型顶管技术在拟建的地下建筑物四周顶入钢管或其他材质的圆管，钢管之间采用锁口连接并注入防水材料而形成水密性地下空间，在此空间内修建地下建筑物的施工方法。它是一项利用小口径顶管机建造大断面地下空间的施工技术。

1971 年日本建造的 Kawase-Inae 穿越铁路隧道是首次应用管幕法。1982 年新加坡采用 24 根直径为 600 mm 的钢管围成的管幕在城市街道下修建了一个地下通道。1994 年美国首次应用钢管直径为 770 mm 的钢管幕施工地下隧道。以管幕法为基础，形成了一系列的工法，采用管幕结合 ESA 箱涵推进工法施工的如台北松山机场地下通道工程和日本近几公路松原海南线松尾工程。2000 年采用管幕结合 FJ 工法施工的如日本大池成田线高速公路下的大断面箱涵工程。

2005 年中国首次采用管幕内箱涵顶进法施工上海北虹路地道工程，其箱涵横断面的外包尺寸为 34.00 m×7.85 m，是世界上在饱和含水软土地层中施工的横断面最大的管幕法工程。

新管幕工法最早由比利时的 Smet Boring 公司开发，在韩国、美国、日本和新加坡等国家得到了广泛的应用。新管幕工法相对于管幕工法是一种改进工法。沈阳地铁 2 号线新乐遗址站施工是国内首个应用该工法的工程，笔者通过对新管幕工法进行系统的研究，将该工法称之为管幕预筑法。

针对管幕预筑地铁站施工，笔者开展了系列研究，先后对 PPM 施工引起的地表沉降、管幕预筑法竖井开挖与顶管施工过程进行了数值分析，通过现场实验分析了弧形密排大直径管群顶管地表沉降规律、大开挖施工地表沉降规律，对管幕预筑隧道衬砌结构进行了现场监测分析，并对岩体稳定性、大直径钢管顶管施工技术和管幕预筑地铁站大开挖施工力学效应进行了研究，在管幕预筑法基础上分别研发出"一种自密实加固与防渗先导管顶管装置及其使用方法""顶管机工具管及应用""地下空间结构建造施工方法及应用"和"隧洞施工方法及应用"等 4 个发明专利，以及"顶管实验箱""顶管实验箱的顶管"和"顶管实验箱的加载装置"等3 个实验新型专利。

杨仙等对管幕预筑法中密排大直径钢管群顶进行研究，探讨了 PPM 深埋顶管顶力、PPM 钢管顶进对地表沉降的影响和 PPM 顶管间距优化。许庆伟对管幕预筑法竖井施工过程进行了研究。

陈涛等研究了新管幕法工作竖井 H 型钢桩护坡施工技术。尹清锋对盾构穿越在建预筑法车站同步施工技术进行了研究。郭宏智等对地铁车站管幕预筑法施工注浆技术和大直径长距离钢管顶进施工技术进行了研究。仝学让等分析了沈阳地铁创新技术特点。李积栋等对支护－结构一体化管幕预筑法地铁车站进行了优化分析和地震响应研究。

新管幕法成功引进国内,首先应用于沈阳地铁 2 号线新乐遗址站的建设,经消化吸收和改进,称为管幕预筑法,其优越性得到了业内的高度肯定。随着管幕预筑法在港珠澳大桥珠海连接线拱北隧道、上海城市轨道交通 14 号线桂桥路站和太原迎泽大街下穿火车站通道工程的成功应用和不断改进创新,管幕预筑法在我国地下空间建造过程中必将得到更加广泛的应用。

1.3 暗挖隧道施工地表沉降预测研究现状

1.3.1 经验法理论及研究现状

Peck 通过对大量浅埋暗挖隧道施工资料及引起的地表位移数据进行了统计分析,后于 1969 年提出最早的隧道施工引起的地表沉降预测方法,该方法是基于地层不可压缩假设和不排水(即体积不变)条件下,隧道施工引起的沉降槽体积等于地层损失的体积。设隧道中心线上地表最大沉降量为 S_{max},Attewell 等总结了当时广泛应用的经验方法,提出了沉降槽曲线,采用如图 1-1 所示的高斯分布曲线来描述。地表沉降由下式计算。

$$S(x) = S_{max}\exp\left(-\frac{x^2}{2i^2}\right) \tag{1-1}$$

式中:$S(x)$ 为距离隧道中心线 x 处的地表沉降;i 为沉降槽半宽度,为地表沉降曲线反弯点与原点的距离,可以通过回归分析求得,亦可采用经验公式计算:

$$i = \frac{H+R}{\sqrt{2\pi}\tan\left(45° - \frac{\varphi}{2}\right)} \tag{1-2}$$

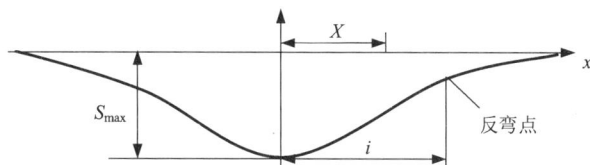

图 1-1 隧道施工所产生的地表沉降横向分布

式中:H 为覆土厚度;R 为计算半径(对于矩形结构,等效半径为 $R = 0.29(a +$

b),其中 a、b 分别为长短边边长;对于其他非圆形结构,其等效半径为 $R = \sqrt{A/\pi}$,A 为非圆形结构面积);φ 为地层内摩擦角,取加权平均值。式(1-2)中 i 的取值与隧道轴线埋深 Z 近似呈线性关系:

$$i = kz = k(H + R) \tag{1-3}$$

式中:k 为沉降槽宽度系数,并建议砂土地层 k 取 0.25 ~ 0.45,黏性土层取 0.4 ~ 0.6。

隧道中心线上地表最大沉降量 S_{max} 为:

$$S_{max} = \frac{V_s}{\sqrt{2\pi i}} \approx \frac{V_s}{2.5i} \tag{1-4}$$

式中:V_s 为由隧道开挖引起的地层损失量,给定一个土层损失,如果确定了 i 或 S_{max},就可以确定沉降槽。地层沉降损失也可以表示为:

$$V_s = \eta\pi R^2 \tag{1-5}$$

式中:η 为地层损失率,与工程地质情况、水文地质情况、隧道施工方法、施工技术水平以及工程管理经验等因素有关,黏性土中,土压平衡盾构隧道为 0.5% ~ 2.0%。

将式(1-3)、式(1-4)和式(1-5)代入式(1-1),即可得到一个实用的预估天然地表沉降的公式:

$$S(x) = \left[\frac{1.256\eta R^2}{kz}\right]\exp\left(-\frac{x^2}{2k^2z^2}\right) \tag{1-6}$$

日本竹山乔采用回归法分析了积累的盾构隧道施工过程引起的地表沉降监测数据,得到了最大地表沉降的经验公式:

$$S_{max} = \frac{230}{E^2}\left(21 - \frac{H}{D}\right) \tag{1-7}$$

式中:E 为平均变形模量;H 为覆土厚度,m;D 为盾构外径,m。

基于 Peck 公式及其修正法,因其函数曲线与实测沉降曲线非常相似,而且计算参数少,计算简单,是一种最常用的隧道施工引起地表沉降预测方法。由于该方法是在地层不可压缩假设和不排水(即体积不变)假设条件下得出的统计公式,缺乏理论基础,且受隧道断面形式、地层条件和施工方法的限制,不能计算地表水平位移和地层沉降,具有一定的局限性。

Eisenstein 等指出超固结土条件下不宜采用该方法预测。New 等也认为 Peck 公式对于一般固结土条件下的预测效果比较好,而对于粒状土则存在较大的误差。随着研究的深入,Lo 等、Rowe 等以及 Lee 等相继提出的等效地层损失模型将衬砌外的空隙参数作为地层损失的计算参数:

$$V_s = \frac{\pi}{4}\left[(D_m + g)^2 - D_m^2\right] \tag{1-8}$$

式中：D_m 为隧道外径，m；g 为衬砌外空隙尺寸，m。

刘建航院士根据上海延安东路隧道施工地表沉降的分布规律，提出了"负地层损失"的概念，修正了 Peck 预测地表纵向沉降公式。

$$S(y) = \frac{\nu_{s1}}{\sqrt{2\pi}i}\left\{ \Phi\left(\frac{y-y_i}{i}\right) - \Phi\left(\frac{y-y_f}{i}\right) \right\} + \frac{\nu_{s2}}{\sqrt{2\pi}i}\left\{ \Phi\left(\frac{y-y_i'}{i}\right) - \Phi\left(\frac{y-y_f'}{i}\right) \right\}$$

$$(1-9)$$

式中：Φ 函数为标准正态分布函数；ν_{s1}、ν_{s2} 分别为盾构开挖面与盾尾间隙引起的地层损失，m^3/m；y_i、y_f 分别为盾构推进起始点和盾构开挖面到坐标原点的距离，m；$y_i' = y_i - L$，$y_f' = y_f - L$，L 为盾构长度。

经验法预测地层沉降受到地层条件、隧道断面形状和尺寸、隧道埋深、施工方法、施工水平等多种因素的影响，同时也受到统计样本数量的影响，且缺乏理论基础。对于新型的隧道施工技术，采用经验法来预测地层的沉降则缺乏可比性。

1.3.2 解析法理论及发展

经验法预测理论由于受到地质条件、结构形式、施工方法、支护时期和统计样本等各种因素的制约，以及理论性不足等缺点，应用受到限制。随着研究的深入，许多学者试图得到具有普遍意义的解析方法。1987 年，Sagaseta 假定土体具有均匀、连续、各向同性和不可压缩的初始状态，提出了在弹性半空间和近地表地层损失情况下的地层变形理论和解析方法。

1996 年，Verruijt 等假定隧道是在弹性半空间内施工，综合考虑了隧道施工在径向方向的均匀收敛和衬砌的椭圆变形这两种隧道的基本变形机理，提出了地层沉降解析表达式。该解析表达是 Sagaseta 方法的推广，既考虑了土体的不可压缩假定，也兼顾了泊松比的可变性，但是该方法预测的沉降槽宽度和水平位移都比观测值大。

1998 年，Loganathan 和 Poulos 利用 Verruijt 提出的解析方法及隧道衬砌与围岩间隙参数，根据工程实践，重新定义了不排水条件下的地层损失，并修正了 Verruijt 解答。

2004 年，Park 针对软土地层中浅埋和深埋隧道施工引起的地层变形规律提出了弹性解，并将椭圆形的地表变形跟隧道断面变形边界条件合并。通过对隧道均匀径向变形和椭圆形变形引起的地表变形比较和对最近地层变形进行分析，将 5 个个案应用于弹性解适用性分析，地面变形预测和实测值比较吻合。

2006 年，Neaupane 提出了一种用人工神经网络预测隧道地面运动的方法。通过对一个 Matlab 神经网络模型进行多层次开发和培训，以公开发表的文献中隧道的直径、埋深、隧道体积、土壤强度损失、地下水和施工方法作为参数，预测沉降量和沉降槽宽度。

随着研究的深入，周小文等针对浅埋单孔和多孔隧道开挖施工，提出了计算二维和三维地表沉降近似的显式解析解。王水林等得出了基于弹性-脆性-塑性介质的球形空腔条件下的闭合解。Park 等基于软岩条件下圆形隧道弹性解析解编制了计算程序计算地表沉降。Ahamad 等分析了地下水位以下理论解与地下水压力的耦合作用以及基于隧道收敛限制的设计方法。Mandal 等对隧道施工影响的范围和原因进行了分析。Shin 等对在地下水渗流力作用下隧道施工引起的地层运动进行了分析。S. L. Chen 等研究了平行隧道之间的支柱岩石宽度对施工的影响。R. P. Chen 等研究了粉土地层中平行隧道施工引起的地层运动。吕爱钟等对深埋圆形隧道在环向压力作用下的应变及支护进行了研究。

用解析法分析地层运动时，几乎都将地层假定为均匀的、轴对称的平面应变问题，对于盾构法和顶管施工可以得到比较好的结果，解析法局限于圆形隧道的施工。在工程实践中有很多非圆形的隧道，其施工对地层的影响很难用解析方法求解，而采用等效圆形隧道来分析，则可能产生很大的误差。而且，地层运动受到多种因素影响，这些计算方法不能反映多种因素的影响。

1.3.3 随机介质理论及其发展

对于岩土体开挖引起的地表变形问题研究主要有两种：一种是把岩土体当作连续介质，运用连续介质力学理论进行研究；另一种则将岩土体当作非连续介质，采用非连续介质力学理论进行研究。

岩石经过风化与沉积后形成的岩土体是一种分散体，隧道施工引起岩土体的运动，其运动十分复杂，使连续介质理论的应用受到限制，统计性的研究则得到了发展。

波兰学者 Litwiniszyn 基于砂箱模型实验研究，建立了随机介质理论。刘宝琛等探讨和发展了随机介质方法，并用于预测城市地铁隧道施工引起的地层移动与变形，取得了很好的效果。随机介质理论认为城市隧道一般埋深较浅，多位于表土层或风化岩层中，可以把这些土体颗粒视为"随机介质"。随机介质理论已经建立了地铁隧道各种开挖方法引起地层变形的计算方法，并编制了相应的程序。

随机介质理论预测地铁施工引起的横向地表沉降计算公式：

$$W(x) = \iint_{\Omega} \frac{\tan\beta}{\eta} \exp\left[-\frac{\pi \tan^2\beta}{\eta^2} (x - \zeta)^2 \right] \mathrm{d}\zeta \mathrm{d}\eta \qquad (1-10)$$

式中：β 为地层性质的主要影响角；Ω 为开挖平面区域；$\mathrm{d}\zeta$、$\mathrm{d}\eta$ 分别为深度为 η 处的微小单元水平与竖向长度。

1.3.4 数值分析及发展

基于岩土工程的复杂性和特殊性,运用经验方法来预测地表沉降,受统计样本数量和隧道条件的差异的制约,而采用理论方法计算则局限于圆形断面隧道。数值分析方法以其便捷和快速的计算越来越受到岩土工作者的重视。数值计算方法主要采用有限元和快速拉格朗日差分法计算,基于这两种方法开发出来的软件也较多,取得了很多研究成果。

Jia 等用数值分析方法分析了不同角度的节理岩体条件下隧道施工时的力学失效行为。Funatsu 等分析了预应力支护结构对隧道的稳定性的影响和优化。Lee 等模拟了软岩条件下的圆形隧道开挖的弹塑性分析。Hejazi 等用数值方法分析了地下结构的本构模型的影响。Azadi 等用数值方法分析了可液化场地浅埋隧道的抗震性能的影响。Deb 等用有限元方法分析了预应力锚杆在隧道开挖中对地层运动的影响。Fernandez 等用数值方法模拟了隧道开挖过程中水力传导,分析了其对地层运动的影响。

数值方法可分析各种复杂条件和各种形状和尺寸的隧道开挖,可便捷和快速地计算、生成直观的应力和应变云图,在今后的研究中仍将起到重要的作用。

1.4 课题来源与研究意义

1.4.1 课题来源

在进行地下空间的开发利用时,工程的施工难度和风险很大,且此类工程的工程实践领先于理论研究,理论研究薄弱。地下工程施工引起的地面建筑物开裂和倒塌、地表沉降过大而塌方、地下管线破裂的现象时有发生,施工对周边交通、商业和居民的生活造成较大的影响。

为了解决工程实践中遇到的安全、扰民和环境保护等问题,弥补地下空间开发研究工作的不足,让理论研究更好地指导实践,结合前期的以沈阳地铁 2 号线新乐遗址站施工进行的研究工作和施工过程中引起的一些环境问题,确定了本课题的主要研究工作。本书主要进行管幕预筑地下空间大开挖过程结构和围岩的力学效应研究。

本书结合该地铁车站结构工程施工过程中遇到的实际问题,建立了数值分析模型,模拟管幕预筑法土方开挖施工引起的地层和结构力学效应,总结了管幕预筑地铁站施工引起的地层变形发展规律,明确了管幕预筑法辅助施工方法对控制临近地层变形和地下结构的作用，提出了管幕预筑法施工控制方法和技术指标，具有重要的工程实际意义。

1.4.2 研究意义

管幕预筑法建造地下空间在国内是首次应用，且为世界上首例在中心城区全断面开挖的单拱超大断面浅埋暗挖隧道。地下结构施工是该技术的重要工序，同时，管幕预筑法既可建造下穿交通干道和建筑物的地下工程，也可修建地下交通枢纽工程。管幕预筑法地下结构施工与传统的地下结构施工存在很多区别，且施工工序繁多，每道施工工序都会对环境产生影响，这些工序的复杂性加大了设计和施工的难度，也增加了对环境影响评估的难度。只有通过深入研究分析，研究各个施工工序产生的环境问题，然后考虑各个施工工序产生的环境问题的叠加和组合，才能使复杂条件的地下工程施工顺利进行，从而保证管幕预筑法的成功实施。

研究管幕预筑法建造地下空间的设计理论、施工工艺、施工质量控制、施工监控理论、施工风险监控理论和施工质量评价标准，为优化施工工序、确定最优开挖支护工序及各工况预警指标、提高施工质量、保证工程项目的安全、缩短工期、降低工程成本、促进管幕预筑法在我国的研究与推广和推动我国地下工程的建造水平上新台阶具有工程实践意义。

在大城市中心城区采用管幕预筑法建造地下空间，其施工方法属于暗挖工法，且其施工安全性较常规暗挖工法好，施工过程扰民程度非常小，具有非常好的环境效益和社会效益。研究和推广管幕预筑法在中心城区建造地下空间结构，对减少施工对周边居民的影响和干扰，克服地下空间开发与施工扰民的矛盾，满足市民对高品质出行和生活的需要具有现实意义。

1.5 研究的目的和内容

1.5.1 研究目的

本书针对这种暗挖工法建造地铁车站结构的特定施工过程，研究地铁车站内土方开挖阶段对环境的影响和施工控制技术，研究管幕预筑法施工过程中结构与土体相互作用，并进行仿真试验和现场试验，研究管幕预筑法建造地下结构的设计方法与设计理论，为完善管幕预筑地下空间的设计理论和施工技术提供指导。

1.5.2 研究内容

因管幕预筑法施工工艺和设计理论没有相关规范等技术性文件，且其施工工序较多，研究内容也很多，基于研究时间和精力，本书的研究内容主要是管幕预筑法建造地下空间后阶段的技术问题，即在地下永久结构预筑完成后，对在地下永久结构支护作用下进行大开挖阶段的相关问题进行研究。研究的主要内容如下：

（1）管幕预筑地下空间支护理论研究

研究管幕预筑法施工工艺和工程实践对管幕预筑法的支护理论，分析管幕预筑曲墙衬砌结构上的荷载，建立管幕预筑衬砌结构的计算模型，探讨管幕预筑衬砌结构的优化设计方法，为完善管幕预筑地下空间的设计理论提供指导。

（2）管幕预筑法大开挖施工引起的地表沉降及控制措施

研究管幕预筑法大开挖引起地层沉降特点、地层损失和地表沉降规律，并结合沈阳地铁 2 号线新乐遗址站施工进行分析，建立管幕预筑法大开挖地表沉降计算模型，提出管幕预筑法地下结构施工引起的地表沉降控制措施。

（3）管幕预筑法施工过程数值模拟分析

研究运用快速拉格朗日有限差分法建立管幕预筑法建造地下结构大开挖阶段的施工过程数值模型，分析大开挖施工过程中，管幕预筑法地下结构与地层的应力应变特征和变化规律，为设计和施工提供指导。

（4）管幕预筑地铁站结构施工现场试验研究

以沈阳地铁 2 号线新乐遗址站施工为依托，对大开挖阶段施工的各道工序进行监测与试验研究，研究管幕预筑法大开挖施工过程中的地层沉降规律，将实测数据与理论分析和数值分析结果作对比分析，修正理论分析结果。

1.5.3 研究技术路线

为实现本书的研究目的，采用理论分析、现场试验和数值模拟方法对管幕预筑暗挖地铁车站在大开挖阶段衬砌结构与围岩的相互作用等相关问题进行系统的研究，研究技术路线如下：

（1）查阅与整理国内外地铁车站与管幕法工程资料，了解国内外地下大空间建造技术研究现状及设计理论，试验方案。

（2）对管幕预筑法建造地下空间技术的支护理论进行研究，分析管幕预筑法的支护机理、结构计算模型和围岩应力等，进行结构设计优化分析。

(3)对管幕预筑地铁站大开挖施工对环境的影响进行理论分析,研究管幕管幕预筑法预加固技术和地层沉降控制技术。

(4)根据施工工艺进行施工过程数值模拟,分析施工过程中管幕预筑衬砌结构和围岩的力学响应。

(5)根据数值模拟结果在现场进行现场试验,对现场监测方案进行设计、论证和实施,分析测试结果,并与理论分析和数值模拟结果进行对比研究。

(6)根据理论分析、数值模拟和现场试验结果,调整施工参数,优化施工过程。

第 2 章　管幕预筑地铁车站施工背景

2.1　工程概况

2.1.1　新乐遗址站概况

如图 2-1 所示，沈阳地铁 2 号线新乐遗址站地理位置非常特殊，位于黄河北大街与龙山路交叉口以北、黄河北大街呈南北向布置，黄河北大街为沈阳南北交通要道，车流量大。车站西邻沈阳新乐遗址（博物馆），东临北陵公园。地铁站施工需要严格控制地层变形，以保护该博物馆和北陵公园这两处文化遗产。

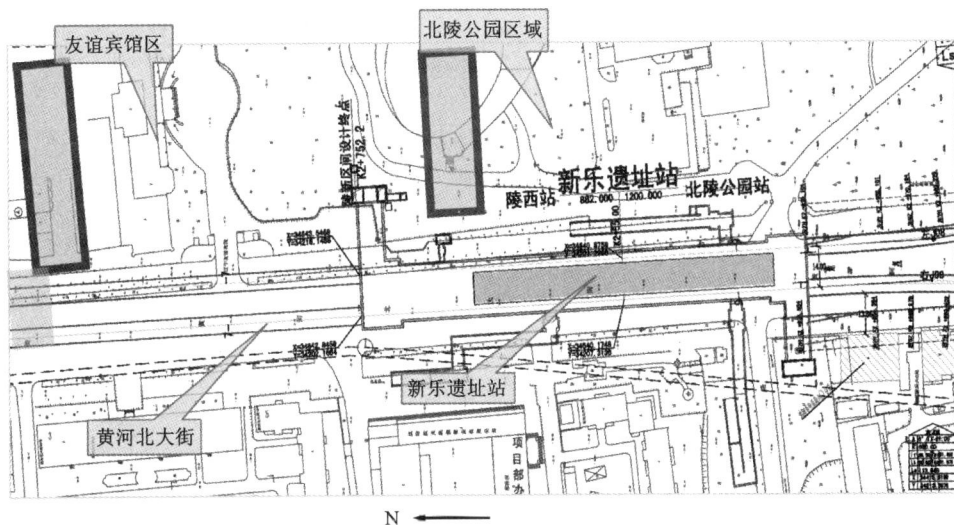

图 2-1　新乐遗址站地理位置

新乐遗址地铁车站为地下二层岛式车站，车站主体结构为单拱钢筋混凝土结构。该车站为暗挖车站，采用管幕预筑法施工，为国内首次应用该工法施工的地下工程，如图2-2所示。车站总长为179.8 m，标准段宽度为26.2 m，高度为18.9 m。车站结构顶部覆土7.6~11.2 m，底板埋深为26.5~30.1 m。车站设三个出入口、一个消防专用入口和两组风亭，总建筑面积约为9800 m²，车站横断面净开挖面积为402.5 m²。

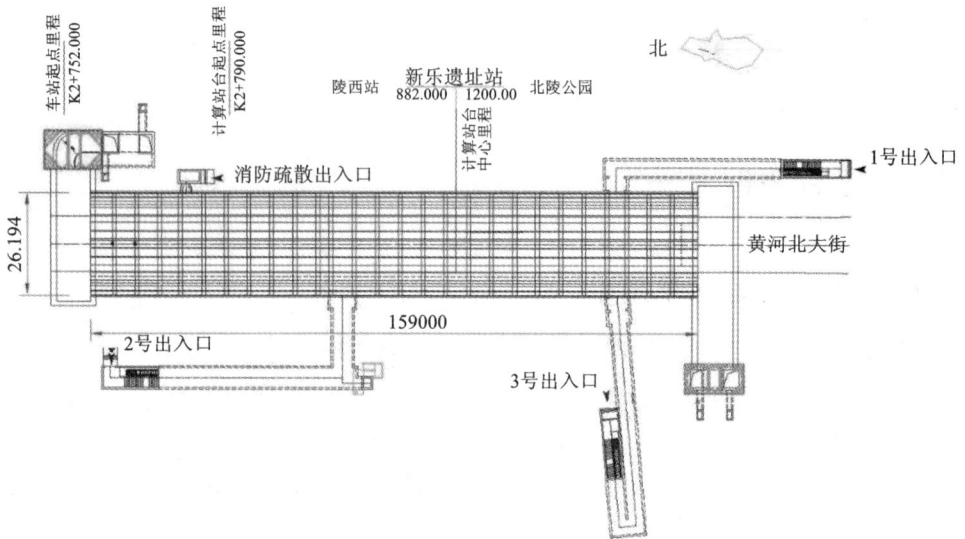

图2-2 新乐遗址站总平面示意图

车站主体结构施工示意图如图2-3所示，拱壳结构为外包钢结构的钢筋混凝土结构，拱壳结构自拱顶至站厅层段，为0.8 m的等厚度拱壳，自站厅层至拱脚厚度逐渐增加至1.2 m。站厅层板厚为0.5 m，站台底板厚度为1.6 m。如图2-4所示，盾构在车站结构做完之前先过站，站厅范围盾构管片需要拆除，站厅板采取逆筑法施工，在车站底板施工完成后，拆除盾构管片后依次现浇中柱和站厅板。混凝土采用C35自密实混凝土。从车站两端往中间开挖土方贯通站厅层后，从北往南分段开挖站台层土方，在距底板高度2.2 m处加水平支撑后施作底板。

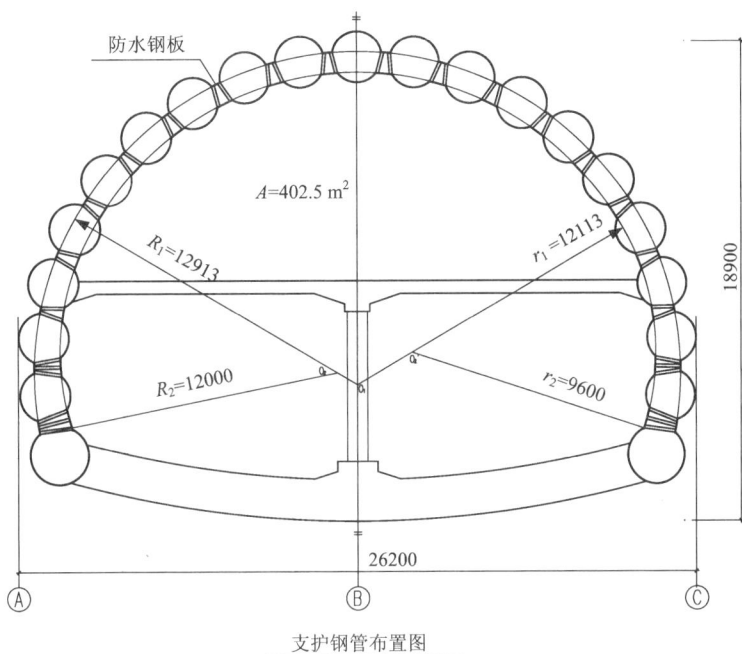

支护钢管布置图

图 2 - 3　车站结构施工示意图

A—隧道开挖总面积；R_1—上弧段衬砌外半径；R_2—上弧段衬砌内半径；

r_1—下弧段衬砌外半径；r_2—下弧段衬砌内半径

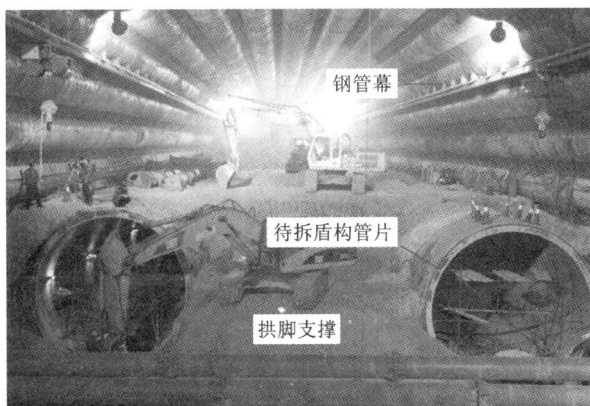

图 2 - 4　车站主体施工图

2.1.2　工程地质条件

本区间地势平坦,地貌单元属浑河冲洪积扇,第四系地层沉积较为明显,地层组成自上而下为杂填土、粉质黏土、中粗砂、砾砂、中粗砂、圆砾、泥砾。地面标高为44.65~51.94 m,结构所处地层属于第四系地层,土层基本以中粗砂和砾砂为主,站体基本处在砂卵石地层和潜水中;地下水埋深为8.7~14.2 m,水位标高为32.53~37.94 m,地下水位年变幅为0.5~2 m,含水层渗透系数高达110 m/d,回填土厚为3~6 m。纵向地质剖面图如图2-5所示。

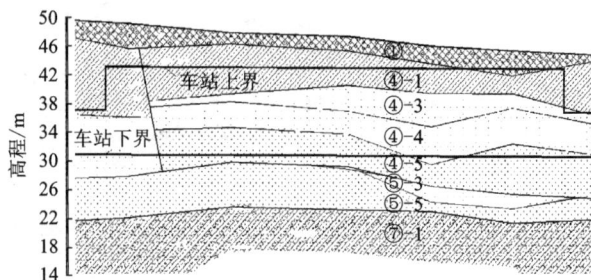

图2-5　纵向地质剖面图

①—杂填土,④-1—粉质黏土,④-3—中粗砂,④-4—砾砂,
④-5—中粗砂,⑤-3—砾砂,⑤-5—圆砾,⑦—泥砾

2.1.3　周边建筑

新乐遗址站周边密布重要地面建(构)筑物:友谊宾馆(3层框架条基)、友谊宾馆剧场(网架)、市电信局设备楼(4层框架条基)、新乐人像(砼结构)、哈飞汽车销售服务大楼(4层框架条基)、居民楼(4层框架条基)。尤其市电信局设备楼配备精密仪器设备,如有"闪失",致仪器设备失灵,则整个沈阳市的通信系统可能瘫痪。

2.1.4　地下管线及人防通道

站址区域密布错综复杂的各种地下管线,有人防通道、污水、热力管沟、高压电缆、煤气管、暗渠、自来水、雨水、电信、通信等共19条,管材材质各不相同,尤其黄河北大街路中心的砼质污水管(DN1200),基本没有其迁改的位置。

2.2 管幕预筑地铁车站施工步骤

2.2.1 施工工艺流程

管幕预筑法建造浅埋暗挖地铁车站的主要施工过程为：工作竖井开挖—通道钢管顶进并出土—通道钢管切割并支撑—通道结构施工—通道土体开挖—主体钢管顶进并出土—主体钢管切割并支撑—主体结构施工—主体结构内部土方开挖—主体结构封底形成地下空间。施工流程如图 2-6 所示。

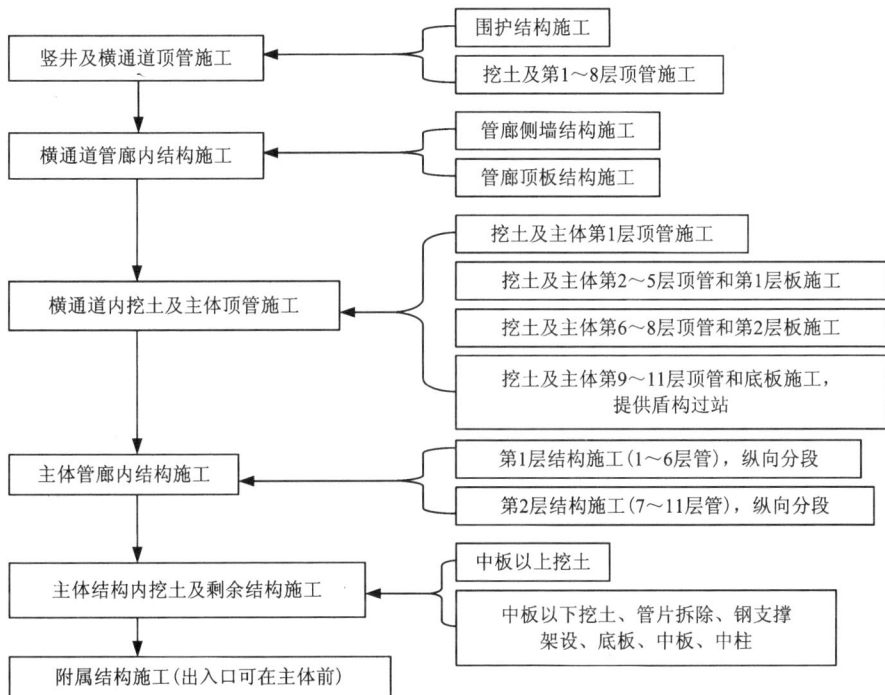

图 2-6 管幕预筑车站施工流程图

2.2.2 工作井与通道工艺流程

工作竖井维护结构采用图 2-7 所示旋喷桩 + 型钢桩 + 型钢内支撑支护。首先沿型钢桩位置钻孔，然后安装型钢桩并充填碎石，型钢桩施工完成后，在型钢桩外侧施作高压旋喷桩，利用高压浆液对型钢桩周边及外侧土体进行加固和止水，使型钢桩与高压旋喷桩组合成竖井维护结构。竖井开挖过程中采用自平衡型钢内支撑，随工作井内土方的分层开挖，进行腰梁的架设和支撑的安装。

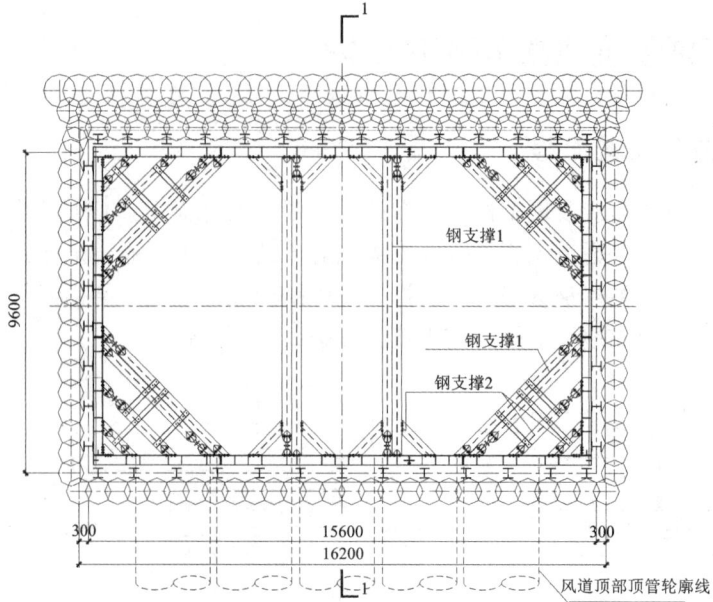

(a) 竖井平面施工图

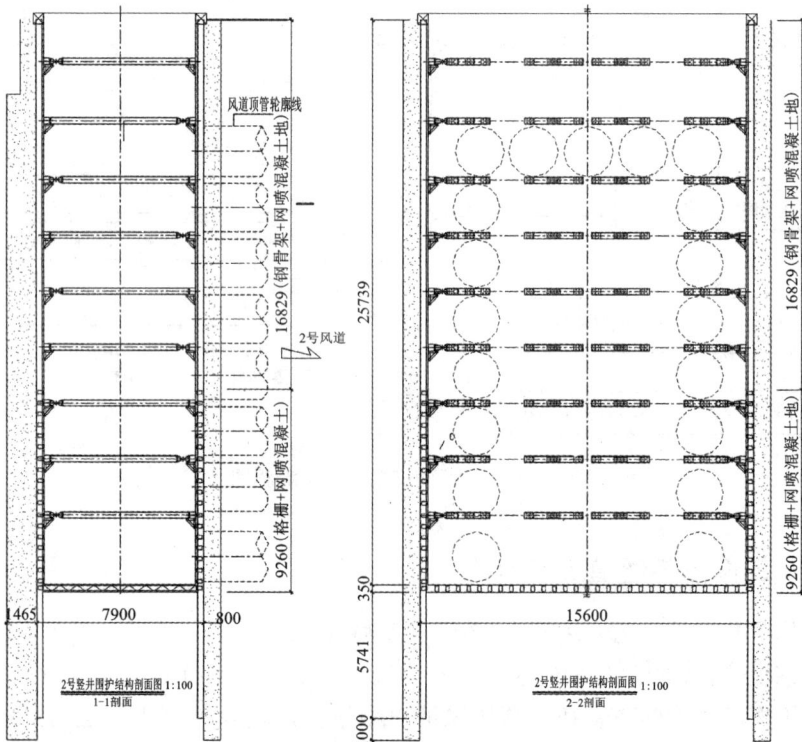

(b) 竖井立面施工图

图 2-7　竖井施工示意图

　　如图 2 - 8 所示，当工作井内土方的开挖至地下结构顶板位置，利用工作竖井的维护结构作为顶管反力墙，沿主体车站端部通道结构轮廓线，边掏挖管内土方边逐层顶进钢管。顶管过程和每根顶管结束后，根据需要分阶段从顶管内向管外注浆。如图 2 - 9 所示，顶管阶段注入膨润土浆液减阻，顶管结束注入水泥浆液加固。

　　完成部分顶管或全部顶管后，进行管间钢管的分段切割、防水钢板的焊接和管间支撑的架设，最后形成钢管廊道。然后在钢管廊道内进行钢筋的绑扎和模板的架设，浇筑混凝土形成地下通道永久结构。

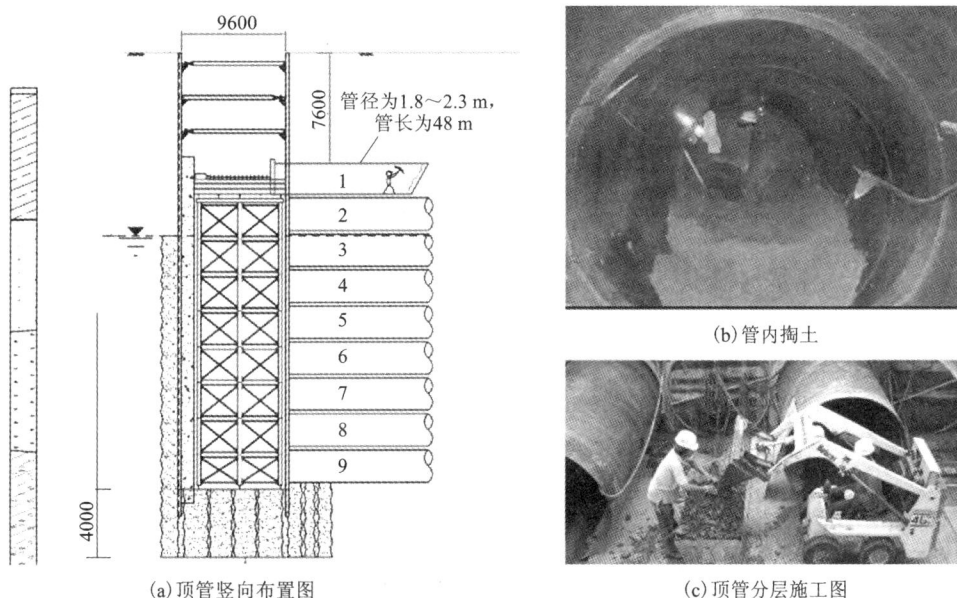

(a) 顶管竖向布置图

(b) 管内掏土

(c) 顶管分层施工图

图 2 - 8　通道顶管平面布置示意图

　　通道顶管结束后，进行管间钢管的切割与支撑架设。图 2 - 10 所示通道管间已经完成切割和钢管混凝土支撑的架设，形成了一个钢管幕廊道，使用钢筋混凝土充填这个钢管幕廊道，形成通道的永久结构。图 2 - 11 所示为通道内土方开挖，是在通道外围永久结构完成后提供支护的情况下进行的。通道内部进行土方开挖过程结合主体车站的施工同步进行。

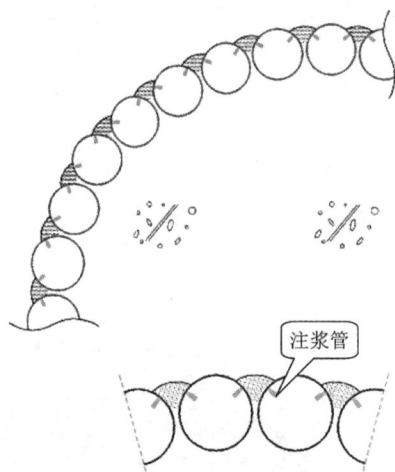

(a)管内注浆示意图　　　　　　　　　　(b)管内注浆图

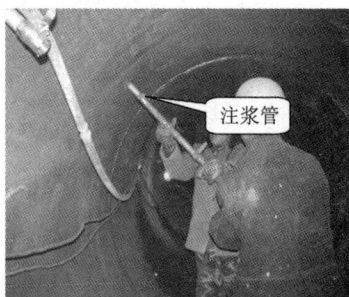

图2-9　管内注浆

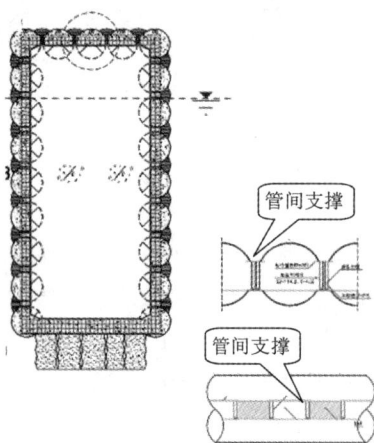

(b)地下结构顶部管廊

(a)管内注浆示意图　　　　　　　　　　(c)地下结构竖墙管廊

图2-10　通道钢管幕廊道示意图

(a) 内部土方开挖

(b) 内部土方开挖

(c) 内部钢管切割

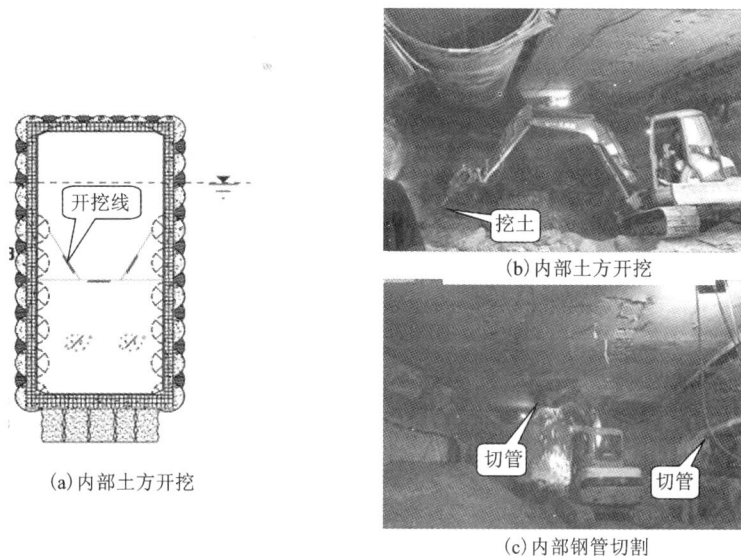

图 2 - 11　通道内土方开挖示意图

2.2.3　车站主体结构施工工艺流程

车站主体结构施工工艺流程是先利用通道作为主体结构顶管施工的反力墙，在通道内进行土方的开挖，同时进行主体结构顶管作业，待顶管结束后进行主体结构施工。

主体结构施工步骤与通道的施工步骤基本相同，在通道内土方开挖至主体结构顶部位置时，主体结构顶管作业与通道内土方开挖交叉作业，开挖至通道中板及临时支撑架处，及时浇筑中板和架设临时支撑架。如图 2 - 12 所示，主体结构顶管作业自拱顶处开始，然后依次施工拱顶两侧的钢管。如图 2 - 9 所示，每次顶管结束，从顶管内部对顶管周围和管间进行注浆加固，以控制地层沉降，并为后续管间钢管切割创造条件。

如图 2 - 13 所示，主体结构分段切管和管间支撑架设完成后形成了主体结构施工时的钢管廊道，由于管间切割时存在土方的扰动和土体损失，为了控制地表沉降，需要再次对钢管外侧进行注浆，以加固主体结构外的围岩。

如图 2 - 14 所示，为了降低施工风险和加快施工进度，在钢管廊道形成后，在其内部架立钢筋，利用钢管廊道作为模板进行主体结构混凝土施工。主体结构混凝土施工示意图如图 2 - 15 所示。

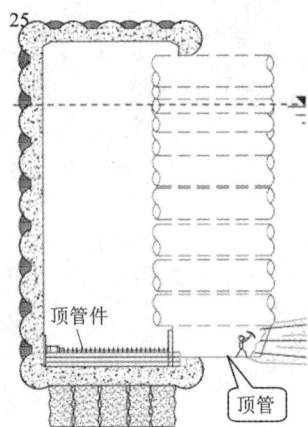

(a)主体结构顶管竖向布置图

(b)主体结构分层顶管

(c)主体结构拱顶顶管

图 2 - 12 主体结构顶管布置示意图

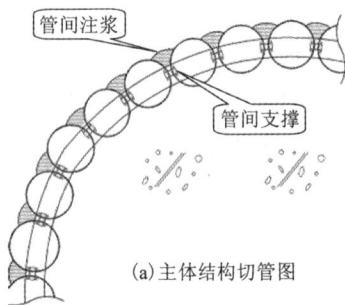

(a)主体结构切管图

(b)形成的钢管廊

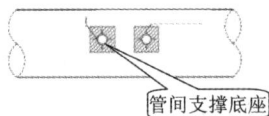

(c)管间支撑图

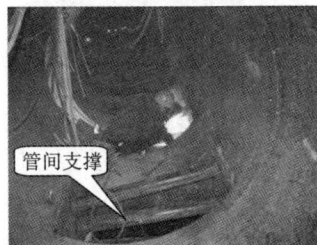

(d)主体结构分段切管与支撑

图 2 - 13 主体结构分段切管与管间支撑示意图

(a)主体结构钢筋布置图

(b)主体结构拱顶钢筋布置现场

(c)主体结构拱脚钢筋布置现场

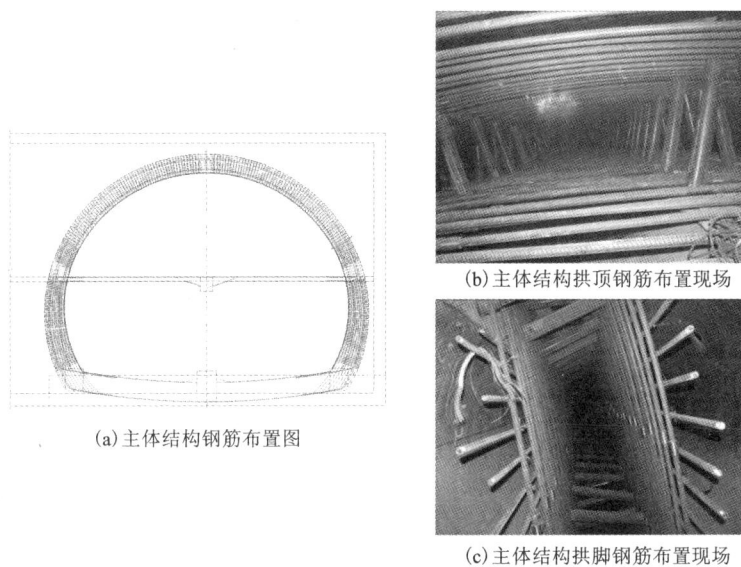

图 2 - 14　主体结构钢筋施工示意图

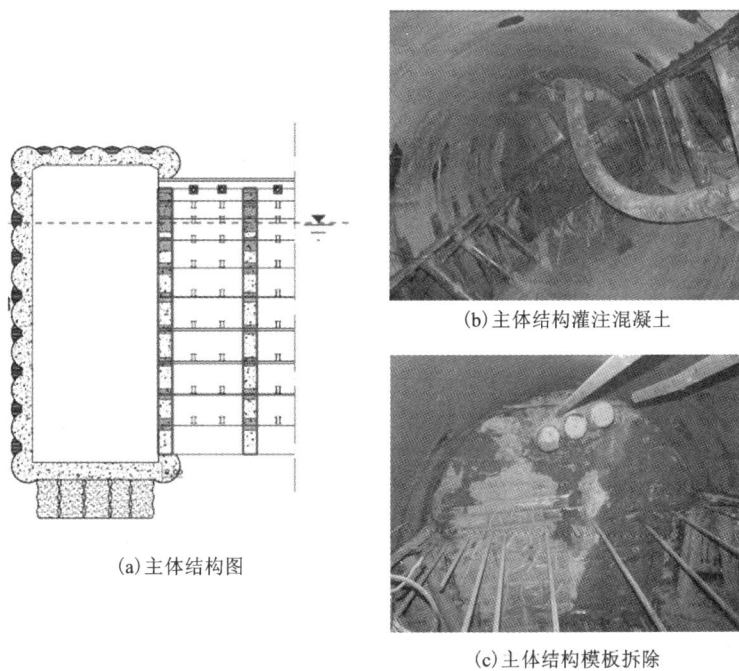

(a)主体结构图

(b)主体结构灌注混凝土

(c)主体结构模板拆除

图 2 - 15　主体结构混凝土施工示意图

主体结构混凝土施工完成并达到龄期后，从车站两端进行站厅层土方的开挖，如图 2-16 所示。站厅层土方贯通后，考虑盾构已经过站但尚未全部贯通，待盾构贯通后，从主体结构北端进行站台层土方的开挖，盾构管片的拆除和底板的浇筑，同时利用盾构隧道进行土方的运输和拆除管片的运输，以加快施工进度。在拆除管片后，在拱脚上方架设钢筋，为底板的施工创造条件。站台层分段进行土方开挖和底板浇筑，封底后拆除临时支撑，形成地下车站空间，然后分段进行中柱和中板的施工，进而完成车站主体结构的施工。

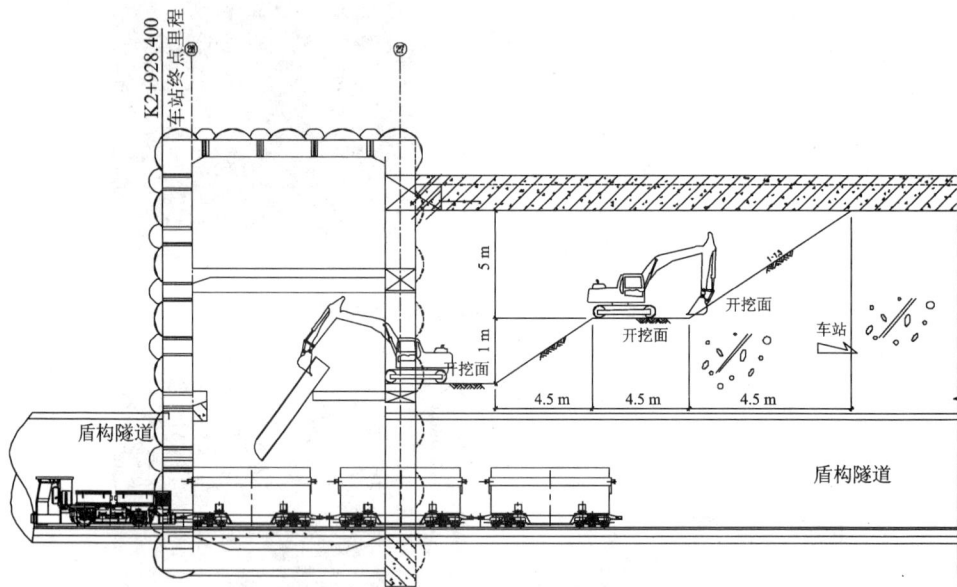

图 2-16　主体结构内部土方施工示意图

2.3　工程中存在的主要问题

沈阳地铁 2 号线新乐遗址站既是国内首个采用管幕预筑法施工的暗挖地铁车站，也是世界上最大的超浅埋单拱暗挖隧道，工程施工遇到的问题主要有以下几个方面：

(1)管幕预筑技术从韩国引进，基于知识产权保护和该技术理论研究落后于工程实际的现状，韩方提供的图纸仅局限于概念设计，工程设计和施工缺乏有效的规范性文件和指导性文件，工程难度较大。

(2)韩国的地质环境与沈阳的地质环境存在很大差别，沈阳地铁 2 号线地质条件较差。如韩国冻土层厚度为 1.2 m，而沈阳地区冻土层厚度为 1.4 m，且沈阳原有的市政道路和地下管线建设标准较韩国低很多。

（3）该工法在国内首次应用，在缺乏实践经验的情况下进行如此大跨度的浅埋暗挖隧道施工，设计理论、施工技术、施工机具和安全控制等面临巨大的挑战。

（4）该工程处于沈阳市交通干道下方，周围有非常重要的建筑和文物古迹，地下有错综复杂的地下管线，施工过程需确保道路畅通和对周边建筑与地下管线的安全。地表沉降是衡量地铁站施工安全性的一个重要指标。目前缺少该工法施工引起的地表沉降的预测方法。

（5）地下结构受力复杂，管幕预筑隧道衬砌结构与围岩的相互作用复杂，且施工过程中衬砌结构还作为顶管的反力墙，顶管反力比较大，对结构的刚度和围岩的稳定性提出了更高的要求。管幕预筑隧道衬砌为单衬砌结构，各个阶段工况转换复杂，给计算、设计和施工增加了难度。

（6）该工程预筑地下结构前的顶管和钢管切割对结构周边土体扰动比较大，土体尚未恢复稳定性，就进行结构内土方开挖，使施工对环境的叠加效应较难评价。

2.4　小结

本章结合沈阳地铁 2 号线新乐遗址站工程所处的地质条件、周边环境，介绍了工程研究背景和地铁车站主体结构采用管幕预筑法施工的工艺流程，提出了工程中需要研究的主要问题。通过以上研究，得出了以下结论：

（1）沈阳地铁 2 号线新乐遗址站是国内首次采用管幕预筑法施工的浅埋暗挖地铁车站，该车站主体结构也是世界上最大的单拱大跨度隧道，其跨度达到 26.2 m，开挖断面面积达到 402.5 m^2。

（2）沈阳地铁 2 号线新乐遗址站采用管幕预筑法施工，设计理论、施工技术、安全控制等缺乏有效的技术文件，施工难度大，工艺流程复杂，工况转换较多，控制好地表沉降是施工的关键。

第3章　管幕预筑隧道支护理论分析

3.1　概述

3.1.1　管幕预筑法施工的主要思想

　　管幕预筑法施工工艺复杂，工序多，工况比较复杂。

　　管幕预筑法主要施工步骤如图3-1所示，首先在地下待建的建筑物端部开挖的竖井或通道内，沿着地下建筑物的外轮廓线依次顶入相对刚性的超大直径钢管(管径为1.8~2.3 m)，同时挖除钢管内的土方，接着在顶管时对钢管外进行注浆减阻，在顶管结束后对钢管外注浆加固土体，形成止水帷幕，然后在钢管内沿结构轮廓线进行钢管切割、管间防水钢板的焊接和防水钢板间的顶撑等系列措施，使相邻钢管连接并形成一个完整的钢管幕廊道，施工人员在钢管幕廊道内进行钢筋绑扎、模板架设和混凝土的浇筑，然后经竖井或通道掏挖地下工程结构内部土方，完成地下工程结构的剩余部分结构施工，形成地下空间。

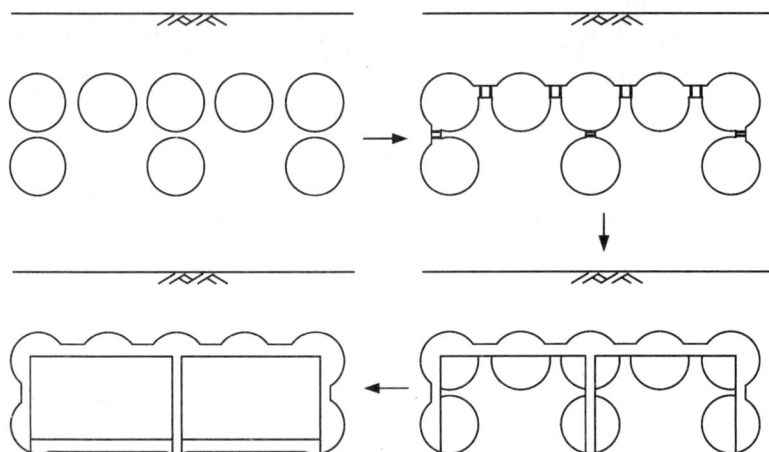

图3-1　管幕预筑法主要施工步骤

管幕预筑法建造的地下空间断面形式多样，工程应用中采用的断面形式主要有矩形断面(图 3 - 2)和拱形断面(图 3 - 3)，也可根据不同要求进行隧道断面优化。

管幕预筑法是一项先利用大口径顶管将地下大空间开挖进行分块开挖，然后逆筑地下结构再进行大空间开挖，是一种新型的建造大断面地下空间的暗挖施工技术。

图 3 - 2　矩形断面　　　　　　　　　图 3 - 3　拱形断面

3.1.2　管幕预筑法的技术特点

管幕预筑法在国外比较成熟，在国内尚属首次应用。

浅埋暗挖工法沿用新奥法的原理，通过施工过程的监控量测与信息反馈技术指导和优化设计与施工；采用复合式衬砌支护体系，先柔后刚，全部基本荷载由初衬承担，二次模筑衬砌作为安全储备，与初衬一起承担特殊荷载；施工过程中针对围岩和浅埋隧道的特点，采用多种辅助施工技术，采取超前支护、注浆改良和加固围岩，以发挥围岩的自承载能力；采用不同的施工方法进行开挖，及时支护以封闭成环，使之与围岩共同作用，形成共同体系。

管幕预筑法也属于浅埋暗挖工法，但与一般的浅埋暗挖工法存在差别。采用管幕预筑法施工的隧道结构将初衬与二衬结合，钢管幕初衬仅在施工阶段承受基本荷载，在使用阶段必须依靠二衬才能发挥其承载能力，且在地下钢管幕结构的防锈问题解决之前，仅将其作为第一道防水层和安全储备。预筑的二衬在土方开挖阶段和使用阶段将约束围岩和承担主要的或全部的荷载，围岩的自承载能力作为安全储备来考虑。

管幕预筑法技术特点如下：

(1)管幕预筑的地下结构受力复杂。结构承受的围岩压力计算复杂，与结构的埋深、地层条件、路面荷载及地下水位等有关。另外，通道顶管和主体结构顶管施工时，顶管反力比较大，对结构的刚度和围岩的稳定性提出了更高的要求，给施工带来了较大的风险。

（2）地下结构跨度大，断面积大。管幕预筑的隧道主体结构为单拱超大断面隧道，跨度大，净空高，施工过程中体系转换复杂，且施工过程中需要考虑盾构过站，给设计和施工带来了难度，结构具有明显的空间性。

（3）采用管幕预筑法施工时结构中板、底板与侧墙的钢筋混凝土施工缝在同一个平面，这与我国钢筋混凝土抗震设计规范不符，对于这种不符合设计规范的结构需要进行专门研究，且进行风险分析。

（4）管幕预筑地下结构施工和结构内土方的开挖是在竖井施工、结构顶管和钢管切割之后进行的，前期顶管和钢管切割对结构周边土体扰动比较大，土体尚未恢复稳定性，就进行结构内土方开挖，其对环境的影响较难评价。这就需要对前期土体勘察资料进行修正和假设，以单独研究结构内土方开挖的环境效应。

（5）管幕预筑永久结构施工是在结构内的土方开挖前完成的，这与传统的先开挖土方后作为永久结构的洞室明显不同，因此不能用传统洞室开挖的地表沉降预测方法来进行预测。需要对土体扰动情况进行分析，结合地表位移和深部位移的监测数据，建立合适的地表沉降预测模型，以便准确地预测阶段性的地表沉降，对施工过程起到积极作用。

（6）城市地下工程的建设往往涉及地表和地下建筑物、地下管线的安全。鉴于地下结构工程的特殊性以及复杂性，需要详细分析管幕预筑的地下结构施工中的危险源，并进行风险评价，以确保施工的顺利进行。

3.1.3 管幕预筑法优点与应用范围

管幕预筑法是一种在软弱地层中修建浅埋结构物的施工方法，适于不宜明挖施工的土质或软弱无胶结的砂、卵石第四系地层，或者是地面建筑密集、交通运输繁忙、地下管线密布且对地表沉降有严格要求的城区地下建筑物的修建，特别适用于城区地下枢纽工程和交通干道下的地下通道工程的建设。

管幕预筑法建造地铁车站不仅具有洞桩法、盾构综合法等暗挖工法施工的优点，且其施工方法比较灵活，地下结构预先建造后开挖土方，施工安全性非常高，可以适应大规模的地下空间建设，具有显著的环境效益和社会效益，应用前景非常广阔。

3.1.4 管幕预筑法支护理论基本假设

管幕预筑法施工工序多，管幕预筑的隧道结构与一般的隧道结构不同，它既是土方开挖的超前支护（相当于初衬），也是地下空间的永久结构（二衬）。管幕预筑的隧道结构是单衬砌结构，即钢板混凝土结构。

这种钢板与混凝土组合成的复合结构，能发挥钢板的抗拉性能。在施工阶段，虽然在钢管幕结构形成的过程中进行了注浆，钢板外侧包裹了一层由膨润土浆液和混凝土浆液混合固化的水泥土固结体，但其对钢板的防锈作用和防腐时效性还需要进一步研究，所以钢板仅作为地下结构的第一道防水。在使用阶段，不考虑地下结构最外层的钢板的承载能力，仅将其作为强度储备。

沈阳地铁 2 号线新乐遗址站车站主体结构为一个超大断面的浅埋隧道，具有跨度大、高跨比大、埋深浅、尽断面开挖面积大、周边环境复杂等特点。先有主体结构这个"屋"，然后在这个"屋"内进行土方开挖，这个"屋"的拱壳部分既是施工的临时支护结构，也是整个工程的永久结构。

由于主体结构的拱壳部分是永久结构，在内部进行大断面开挖，其外围结构已经能够发挥支护作用。考虑地铁车站与区间作业的交叉性，新乐遗址站车站主体结构中板采用逆筑法施工，且这个结构尚未完成底板的施工，结构尚未闭合，这种超大断面浅埋隧道的支护拱壳可能产生较大的拱脚位移，土方开挖和底板仰拱施工阶段存在较大的风险。

新乐遗址站车站主体结构是由周边围岩和永久支护结构共同组成并相互作用的结构体系。各种围岩具有不同程度的自稳能力，且主体结构前期施工时，顶管和钢管切割对围岩进行了不同程度的扰动。虽然在钢管切割后进行了注浆，对围岩有一定的加固和补强，但围岩和结构的共同作用非常复杂。随着土方的开挖，结构内力不断变化，在主体结构内土方施工过程中，主体结构拱脚由于土方的挖除，使拱脚缺乏支撑，可能导致拱脚产生较大的收敛，引起主体结构和围岩产生较大的内力和变形，必须确保尚未封闭的主体结构的施工安全。

结合施工工艺和围岩压力的时变效应，本书对管幕预筑结构计算做了如下的简化和假设：

（1）为了研究土方开挖阶段主体结构的力学效应，以主体拱壳结构施工完成后作为起始研究阶段，所有参数均作为初始状态的参数。

（2）围岩的土性参数以勘察资料为基础，并考虑前期顶管作业和钢管切割对围岩的扰动作用、后期注浆对围岩的加固作用，以及围岩施工的时效性，结合现场监测结果，综合确定作用在主体拱壳上的荷载。

（3）考虑主体结构为大断面浅埋隧道，拱壳为永久结构，为内部土方开挖提供了支护保障，其承载能力较大，风险主要集中于拱墙段土方施工阶段，拱脚的位移可以采取有效的施工措施加以控制，结构计算模型采用荷载－结构法。

（4）车站贯通前，车站主体结构与围岩的共同作用比较复杂，拱壳结构的空间效应明显，在底层土方施工和底板施工阶段拱壳的空间作用亦比较复杂，底板完工后，车站结构简化为平面结构进行计算。结构的标准设计按照平面应力问题考虑,计算单元沿通道纵向方向取单位长度进行分析,计算简图简化为平面拱结构。

(5)底层土方开挖和底层板的施工是分段从车站北端开始施工的,车站两端通道底板和侧墙对车站结构北端的约束作用比较明显,车站两端拱脚约束简化为固定端约束。随着土方的开挖,车站结构远离通道,拱脚受到的约束来自拱脚下方的围岩、拱脚纵向锁脚梁的弹性约束和车站内的横撑约束,这些约束作用在水平方向和竖向方向均简化为弹性约束,弹性约束系数需要综合考虑。

(6)根据车站和区间隧道的施工工期的交叉性及施工工艺特点,车站中板只能顺筑,因此分析时仅考虑中板顺筑的情况。

3.2 管幕预筑隧道衬砌上的荷载

3.2.1 隧道围岩压力分析

(1)普氏理论。

隧道设计荷载的确定方法比较多,较早出现的普氏理论是一种确定支护结构物围岩压力的理论。该理论将所有地层视为具有一定黏结力的"松散介质",隧道开挖后没有及时支护,上方将形成塌落界面(图3-4),塌落界面上方为一抛物线状的天然拱,这个天然拱(破坏范围)以内的松动岩体的荷载及衬砌结构的荷载计算简图如图3-5所示。计算围岩压力的关键是确定围岩的破坏范围,也就是确定平衡拱的形状和尺寸,其中确定拱的尺寸是关键。

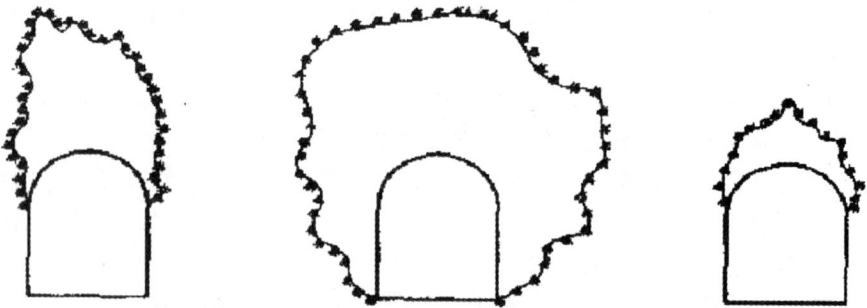

图3-4 塌落界面

普氏理论认为作用在支护结构上的围岩的垂直均布压力 q 按下式计算:

$$q = \gamma h \qquad (3-1)$$

式中：γ 为围岩的重度，kN/m^3；h 为塌落拱的高度，m。

在考虑塌落界面形成的隧道跨度、内摩擦角和隧道高度时围岩的垂直均布压力 q 按下式计算：

$$q = \gamma \frac{B/2 + H_t \tan(45° - \varphi/2)}{f} \tag{3-2}$$

式中：H_t 为隧道高度，m；B 为隧道跨度，m；f 为坚固系数；φ 为围岩计算内摩擦角，(°)，其值见表 3-1。支护结构受到的侧压力 e 可按下式计算：

$$e = \gamma \left(H + \frac{1}{2}H_t\right)\tan^2\left(45° - \frac{\varphi}{2}\right) \tag{3-3}$$

式中：H 为隧道埋深，m。

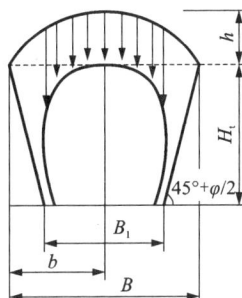

图 3-5　荷载计算简图

表 3-1　各级围岩计算内摩擦角

围岩级别	I	II	III	IV	V	VI
φ	>78°	67°~78°	55°~66°	43°~54°	31°~42°	≤30°

（2）太沙基理论。

太沙基理论将隧道围岩视为散粒体，当隧道开挖后，隧道上方围岩将形成卸落拱。隧道上方围岩因隧道开挖下沉，并产生错动面，任何水平断面受到的均布的竖向压应力 σ_v 与其水平应力 σ_h 成比例关系，σ_v 和 σ_h 的计算公式如下：

$$\sigma_v = \frac{\gamma b}{K\tan\varphi}(1 - e^{-\tan\varphi \frac{h}{b}}) \tag{3-4}$$

$$\sigma_h = K\sigma_v \tag{3-5}$$

式中：b 为洞顶松动宽度，m；K 为侧压力系数。

普氏理论和太沙基理论比较适合深埋暗挖隧道围岩的垂直均布压力的计算。但我国地铁通常埋深浅，且很多城市浅表地层土质相对松软，其适用性不高。这类软土及浅埋隧道的竖向土压力可取全部土层厚度的重量计算，或者采用我国现行的《公路隧道设计规范》(JTG D70—2004)中推荐的计算公式：

深埋隧道：

$$q = 0.45 \times 2^{s-1} \gamma \omega \tag{3-6}$$

浅埋隧道：

$$\left.\begin{array}{ll} q = \gamma H & H \leqslant h_q \\ q = \gamma H(B_t - H\lambda \tan\varphi) & h_q \leqslant H \leqslant (2-2.5)h_q \end{array}\right\} \tag{3-7}$$

式中：q 为垂直均布压力，kPa；h_q 为荷载等效高度，m；ω 为宽度影响系数；B_t 为隧道宽度，m；λ 为侧压力系数；φ 为摩擦角，(°)；γ 为围岩重度，kN/m³；s 为围岩等级系数。

管幕预筑的隧道结构，施工过程中存在多次体系转换，其围岩压力的计算比较复杂，采取浅埋隧道的计算方法比较合适。

沈阳地铁 2 号线新乐遗址站车站结构内土方施工是在车站主体结构发挥作用的情况下进行的。随着土方的分层开挖，车站拱壳结构的高跨比发生变化，高跨比整体上呈现增大的趋势，最终达到 0.7 左右，拱顶主动土压力作用区间逐渐增大，被动土压力区间逐渐往下移动。从最终监测到的拱脚净空收敛值来看，拱脚均有向内收敛的趋势，这表明实际在拱脚处围岩的运动是向车站主体结构内部运动的。从围岩变形的特点来看，可以推断拱外侧最终的围岩侧压力介于主动土压力和静止土压力之间。

从结构设计的角度来看，管幕预筑的隧道结构是单衬结构，在结构施工前期，围岩扰动厉害，为确保结构安全施工，将忽略围岩的自稳能力，按照静止土压力计算围岩压力。

管幕预筑的隧道结构采用式(3-7)计算围岩的垂直均布压力时，还需考虑管幕预筑隧道结构上部的地面建筑或地面交通荷载 q_0。地面交通荷载的计算按照道路工程的相关规范取值，一般不宜小于 20 kN/m²。当管幕预筑的隧道埋深较浅时，需要考虑路面车辆荷载的动力效应。考虑地表超载时，采用式(3-7)计算围岩的垂直均布压力。

围岩侧向压力 e 按均布荷载考虑时，其值按下式计算：

$$e = \left(q_0 + \gamma H + \frac{1}{2}\gamma H_t\right)\tan^2\left(45° - \frac{\varphi}{2}\right) \tag{3-8}$$

3.2.2 地下水的作用

地下结构施工经常遇到地下水的作用，当存在地下水时，地下水对结构的作用一般不能忽略。地下水的作用对于黏土层采用水土合算原则计算，对砂土层则采用水土分算原则计算。

因为管幕预筑法建造地下空间可以不降水施工，所以地下结构的设计与计算必须考虑地下水的作用。沈阳地铁 2 号线新乐遗址站车站主体结构内土方施工基于工期的考虑，采取的是降水施工，在土方开挖和底板施工阶段，地下水位在底板面以下，施工期间可以不考虑地下水的作用。在使用阶段，车站主体结构已经形成封闭结构，地下水位大幅度上升，需要考虑静水压力的作用。

3.2.3　使用荷载

在使用阶段，车站主体结构已经完全闭合。对于有中板的地下结构，中板上的使用荷载主要是办公荷载和人群荷载，其使用荷载按照相关标准计算即可。

3.2.4　地震荷载和人防荷载

我国地域广阔，地震频发，地下结构的建设需要考虑地震的影响。和平与发展是世界发展的潮流，但是也面临一些挑战，地下空间开发按照平战结合的原则进行，通常要满足人防要求。

沈阳地铁 2 号线新乐遗址站作为地铁线的一个重要组成部分，结合我国地下工程设计现状，地下永久结构需满足人防要求。地震荷载和人防荷载主要是结构使用阶段需要考虑的。车站在投入使用后，车站底板已经完成，已形成了闭合的空间结构，车站主体结构和围岩构成了一个整体，共同作用明显，车站内部又增加了中柱和中板，因而整体结构具有较强的防护能力。对车站结构进行设计时，也需要考虑这两类荷载。

地震荷载与人防荷载按照相关标准计算即可。

3.3　结构计算模型分析

3.3.1　计算模型的分解

管幕预筑的隧道结构外围是单衬结构，通常在后续施工过程中，在结构内部增加底板、中板和中柱，这不仅会改变结构体系，也会增加结构体系上的荷载。管幕预筑的隧道结构在施工和使用阶段，结构体系在不断变化，需要考虑结构体系的转换和荷载的调整，同时也要考虑调整围岩的压力。

管幕预筑的隧道结构内力主要受施工过程中的荷载控制，图 3 - 6 所示结构为沈阳地铁 2 号线新乐遗址站车站主体结构两端的通道结构在施工期的 4 种计算简图。由于通道侧墙已全部预筑，随着通道内部土方的开挖和车站主体结构的施工，通道结构的计算简图经历了 4 种变化。

通道内部土方的清除使侧墙内部缺少支撑，导致侧墙外侧出现围岩压力，而侧墙尚未挖除部分两侧仍然受到土方的约束，其计算简图最开始为图 3-6(a) 所示的情况。侧墙下端埋深比较大时，受到的约束很强，可以假定为固定端，且位于通道内部土方开挖面下方一定的深度。当土方开挖至一定深度，侧墙出现了比较高的临空面时，需要设置中隔板，中隔板逆筑后再进行中隔板下方的作业。图 3-6(b) 和图 3-6(c) 所示分别为顶层和第二层中隔板下方土方开挖时的计算简图。

图 3-6(c) 中侧墙底部与地基直接接触，接触面能提供竖向反力。按照温克尔地基模型，竖向可简化为弹性支座，弹性系数为地层的刚度系数。为了降低底层板施工的风险，底层土方开挖和底板浇筑分段进行，侧墙底部受到土体的摩擦力，开挖段侧墙还受到两端未开挖土体和相邻侧墙的影响，这种约束也可以简化为弹性支座。根据施工工艺，侧墙底部沿纵向设置一道暗梁，水平弹性系数可以结合暗梁的抗侧移刚度及侧墙底部土体的摩擦力选取。

图 3-6(c) 所示为通道第三层开挖时的计算简图，随后进行的底板施工使通道结构的计算简图变为图 3-6(d) 所示。

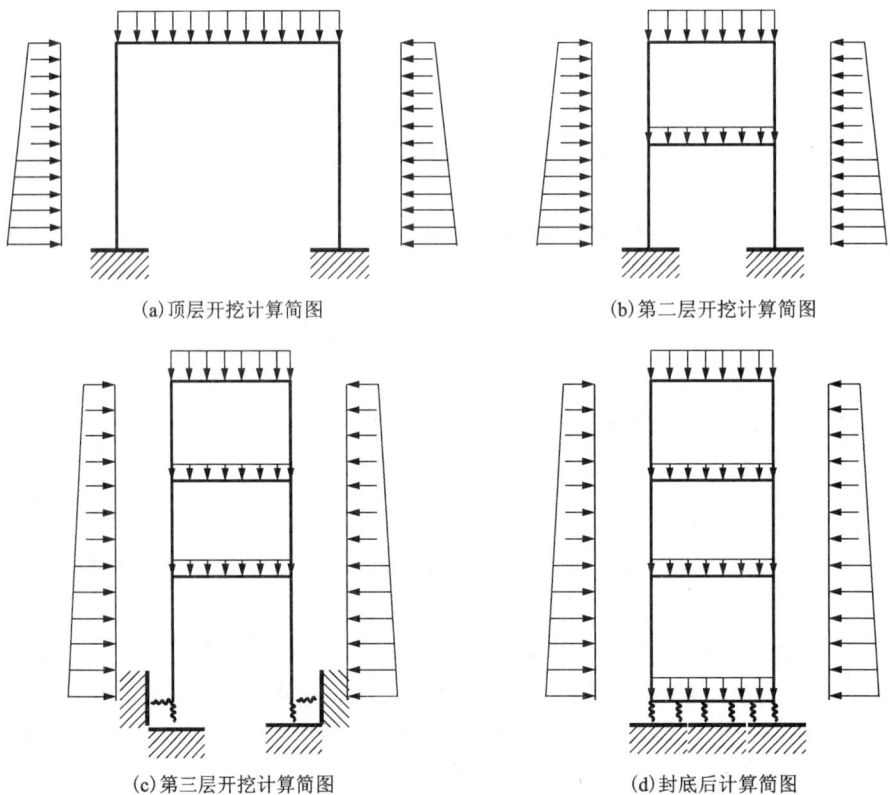

(a)顶层开挖计算简图

(b)第二层开挖计算简图

(c)第三层开挖计算简图

(d)封底后计算简图

图 3-6　通道结构计算简图

　　显然，在施工过程中，结构体系是变化的，在结构体系的转化过程中需要考虑中板的施工荷载，具体计算还需要考虑施工的机具和堆载。

　　对于车站主体结构，如果中板采取逆筑法施工，如图 3－7(a)所示，则由于中板跨度大而要在拱壳上设置两根吊杆，中板承担的荷载全部由衬砌承担，且底板尚未施工，结构没有闭合。结构体系亦发生了很大的变化，中板的自重和中板上的施工荷载必然对结构产生影响。车站主体结构的设计和施工还需要考虑施工期间的施工荷载。

　　图 3－7(b)所示为车站主体结构中板采用顺筑法施工，底板已经施作完成，车站结构已经闭合，施工荷载由中柱和拱壳承担，中柱承担的荷载直接作用在底板或底板基础上，对主体结构影响有限。

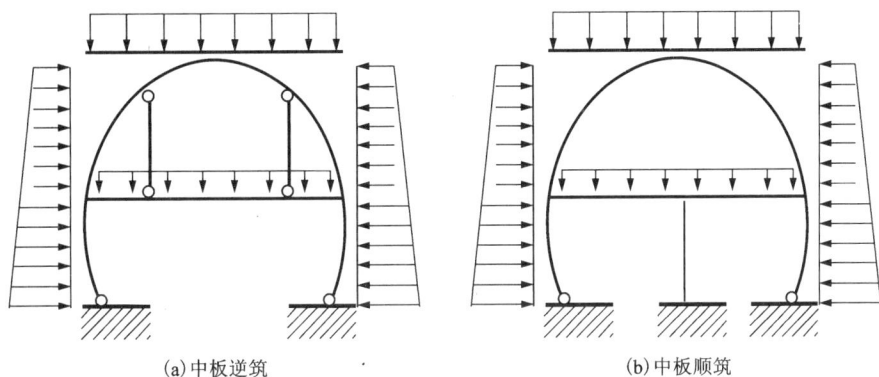

(a)中板逆筑　　　　　　　　　　　　(b)中板顺筑

图 3－7　中板施作顺序图

　　对于车站主体结构的计算，根据施工工序，衬砌结构的计算采用叠加法进行分解，分阶段验算，计算简图如图 3－8 和图 3－9 所示。在土方开挖阶段，仅考虑拱壳的受力，围岩与拱壳的相互作用比较明显，而结构体系改变后，增加的构件和荷载在计算中对拱壳的影响相对较小，拱壳与围岩的相互作用也可以忽略不计。

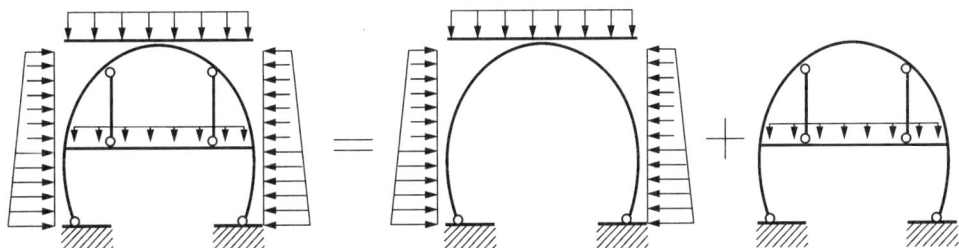

图 3－8　中板逆筑计算模型分解图

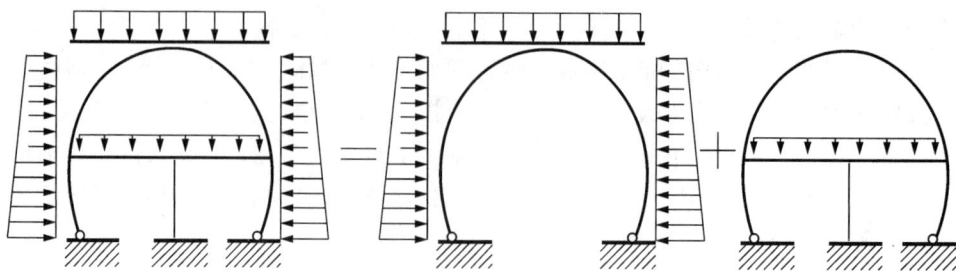

图3-9 中板顺筑计算模型分解图

3.3.2 计算方法的选取

对于隧道衬砌结构的计算，一般考虑隧道纵向长度相对隧道断面尺寸大得多，而将隧道衬砌结构计算简化为平面应力问题。管幕预筑的隧道衬砌结构在土方开挖前是预筑的，在土方开挖过程中空间效应是比较明显的，相对于其他类型的隧道衬砌结构，管幕预筑的隧道衬砌结构可以利用开口柱壳理论进行分析。在体系变换和荷载变化后可以按照一般隧道初砌结构的计算方法进行计算。

目前隧道衬砌结构的计算方法主要有两类：一类是以支护结构作为承载主体的荷载－结构法；另一类是以围岩为承载主体的岩石力学方法。荷载－结构法是在给定的围岩塌落体荷载作用下进行衬砌内力计算，研究的是在超静定荷载和反力系统作用下的支护状态。这种方法适用于浅埋隧道，且岩土强度和衬砌刚度较大的隧道。

管幕预筑的隧道结构是单衬砌结构，且一般在衬砌结构内部有中板等构件形成双层或多层的地下结构，计算比较复杂。

管幕预筑法建造的地下空间，在软土地层中具有较大的技术优势，但是前期施工对地层扰动明显，大密度顶管阶段和钢管切割期间地表沉降较大，工后沉降也比较明显，因而在结构施工过程中土层尚未稳定，作用于地下结构上的围岩压力表现为松动压力。根据管幕预筑法的工艺和沈阳地铁2号线新乐遗址站施工的现场试验，计算方法采用荷载－结构法与工程实践是比较吻合的。

由图3-6可知，管幕预筑的隧道结构在施工过程中多次进行体系转换，且为多次超静定结构，简化为平面结构时，可用结构力学方法和隧道衬砌结构矩阵分析方法计算。考虑管幕预筑法工艺的特点，在预筑结构内部土方开挖的过程中，拱壳的空间作用明显，全部贯通后则表现为平面应力状态。因此，贯通后的结构计算采用平面结构计算，施工阶段则需考虑空间作用，将利用拱壳理论进行空间效应分析。

3.4 管幕预筑拱壳计算模型

3.4.1 壳体理论概述

壳体是由两个曲面所限定的物体,且曲面间的距离比曲面其他尺寸小得多。壳体的两曲面叫作壳面,与两壳面等距离的曲面为中面,两壳面所截中面法线的长度即为壳体厚度。壳体有等厚度的,也有变厚度的。如果壳面是闭合曲面,则壳体只有这两个壳面,没有其他的边界,这样的壳体为闭合壳体。设一条直线保持与中面垂直并移动形成切割面,将闭合壳体切割,则分割出来的一部分为开敞壳体,如屋盖或桥梁构件。

壳体理论的基本假定是:忽略垂直于中面的正应变和壳面间的正应力(即挤压应力);中面法线与其垂直线段保持直角,也就是这两个方向的剪应变为零;面力与体力均向中面简化为荷载。

壳体的厚度 t 比中面最小曲率半径 R 小很多时,壳体为薄壳,反之则是厚壳。薄壳中有些很小的量随 t/R 值的减小而减小,当壳体基本方程与边界条件中忽略这些量时,可能使壳体基本方程在边界条件下求得一些近似的,但能够满足工程应用的解。当 t/R 值小于 0.05 时,求得的解可满足工程上对误差的要求。在工程中的壳体常按薄壳理论进行计算,这里采用薄壳理论对管幕预筑的隧道衬砌进行研究。

3.4.2 问题讨论和理论模型

管幕预筑隧道的断面形式主要有两种,即矩形断面和拱形断面。后者构件受力主要为压力,可以发挥混凝土的受压性能,且稳定性好,可以显著提高管幕预筑隧道衬砌结构的承载力并能够降低成本。

管幕预筑曲墙衬砌结构由四块开口柱壳构成闭合拱壳,除底板采用顺筑法外,其余三块采用管幕预筑法施工。底板反拱可以消除底鼓,保证隧道的稳定与安全。管幕预筑曲墙衬砌构件是开口柱形壳,为便于讨论问题和不失一般性,以开口柱壳作为研究对象。

由管幕预筑法的工艺原理可知,隧道支护结构在大开挖前已经预筑完成,内部土方开挖的步长可以达到 8~16 m,最大半径已达 13 m。管幕预筑隧道结构的混凝土厚度为 0.2~1.2 m。根据壳体基本理论可知隧道支护壳体是一个开口长圆柱薄壳,内力主要为弯曲内力和薄膜内力,边界按四边铰支考虑。

3.4.3　隧道围岩应力

在轴对称条件下，对隧道进行围岩应力弹塑性分析时，应力与变形仅是任意点半径 r 的函数，与圆心角 θ 无关，并且塑性区是一个等厚圆环，设塑性区中 C、φ 为常数。求解条件是弹性区满足弹性条件，塑性区满足塑性条件，在塑性区与弹性区接触处同时满足塑性条件与弹性条件，计算简图如图 3-10 所示。在图 3-10(a) 所示围岩中取如图 3-10(b) 所示单元，当不计体积力时，轴对称时的平衡方程为：

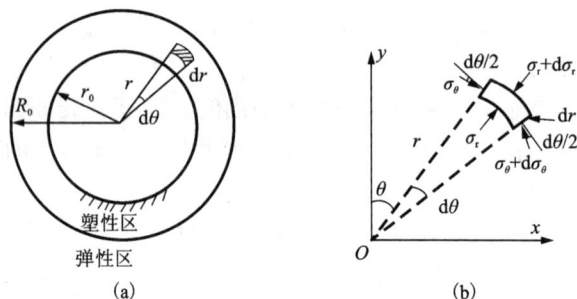

图 3-10　围岩应力计算简图

R_0—塑性区半径；r_0—隧洞半径

$$\frac{\partial \sigma_r}{\partial r} + \frac{\sigma_r - \sigma_\theta}{r} = 0 \qquad (3-9)$$

式中：σ_r 为弹性区径向应力；σ_θ 为弹性区环向应力。

塑性区应力需同时满足平衡方程与塑性条件。取莫尔—库仑准则为塑性条件，则有：

$$\frac{\sigma_r^p + C\cot\varphi}{\sigma_\theta^p + C\cot\varphi} = \frac{1 - \sin\varphi}{1 + \sin\varphi} \qquad (3-10)$$

式中：σ_r^p 为塑性区径向应力；σ_θ^p 为塑性区环向应力；上标 p 表示塑性区的分量（下同）。

联立式(3-9)及式(3-10)，得

$$\ln(\sigma_r^p + C\cot\varphi) = \frac{2\sin\varphi}{1 - \sin\varphi}\ln r + C_1 \qquad (3-11)$$

式中：积分常数 C_1 由边界条件求出。

当施加支护时，根据它与围岩界面($r=r_0$)上的应力边界条件 $\sigma_r^p = P_i$（P_i 为支护抗力），得出积分常数 C_1：

$$C_1 = \ln(P_i + C\cot\varphi) - \frac{2\sin\varphi}{1 - \sin\varphi}\ln r_0 \qquad (3-12)$$

将积分常数 C_1 代入式(3 – 10)与式(3 – 11)，可得出塑性区应力：

$$\left.\begin{array}{l} \sigma_r^p = (P_i + C\cot\varphi)\left(\dfrac{r}{r_0}\right)^{\frac{2\sin\varphi}{1-\sin\varphi}} - C\cot\varphi \\[4mm] \sigma_\theta^p = (P_i + C\cot\varphi)\left(\dfrac{1+\sin\varphi}{1-\sin\varphi}\right)\left(\dfrac{r}{r_0}\right)^{\frac{2\sin\varphi}{1-\sin\varphi}} - C\cot\varphi \end{array}\right\} \qquad (3-13)$$

由式(3 – 13)可知，塑性区径向应力与原岩应力 P 无关，而随着 P_i、C 及 φ 的增加而变大。塑性区半径的求解需利用弹性区和塑性区接触面上的应力协调条件。设 R_0 为塑性区半径，当 $r = R_0$ 时，存在如下关系：

$$\sigma_r^e = \sigma_r^p = \sigma_{R_0}, \ \sigma_\theta^e = \sigma_\theta^p \qquad (3-14)$$

式中：角标 e 表示弹性区的分量。

设弹塑性接触面上的径向应力为 σ_{R_0}，围岩在弹性区($r \geqslant R_0$)中的应力与变形为：

$$\left.\begin{array}{l} \sigma_r^e = P\left(1 - \dfrac{R_0^2}{r^2}\right) + \sigma_{R_0}\dfrac{R_0^2}{r^2} = P\left(1 - \gamma'\dfrac{R_0^2}{r^2}\right) \\[4mm] \sigma_\theta^e = P\left(1 + \dfrac{R_0^2}{r^2}\right) - \sigma_{R_0}\dfrac{R_0^2}{r^2} = P\left(1 + \gamma'\dfrac{R_0^2}{r^2}\right) \end{array}\right\} \qquad (3-15)$$

$$\left.\begin{array}{l} u' = \dfrac{(P - \sigma_{R_0})R_0^2}{2Gr} = \gamma'\dfrac{PR_0^2}{2Gr} \\[4mm] \gamma' = 1 - \dfrac{\sigma_{R_0}}{P} \end{array}\right\} \qquad (3-16)$$

将式(3 – 15)中的两式相加可得到下式：

$$\sigma_r^e + \sigma_\theta^e = 2P \qquad (3-17)$$

故在弹塑性界面($r = R_0$)上也满足以下条件：

$$\sigma_r^p + \sigma_\theta^p = 2P \qquad (3-18)$$

将式(3 – 18)代入塑性条件式(3 – 10)中，可得出界面 $r = R_0$ 处的应力：

$$\left.\begin{array}{l} \sigma_r = P(1 - \sin\varphi) - C\cos\varphi = \sigma_{R_0} \\[2mm] \sigma_\theta = P(1 + \sin\varphi) + C\cos\varphi = 2P - \sigma_{R_0} \end{array}\right\} \qquad (3-19)$$

由式(3 – 19)可知弹塑性接触面上的应力与 P_i 无关，是一个关于 C、P、φ 的函数。将 $r = R_0$ 代入式(3 – 13)，并考虑式(3 – 19)，可得塑性区 R_0 与 P_i 的关系式：

$$P_i = (P + C\cot\varphi)(1 - \sin\varphi)\left(\frac{r}{r_0}\right)^{\frac{2\sin\varphi}{1-\sin\varphi}} - C\cot\varphi \qquad (3-20)$$

或

$$R_0 = r_0 \left[\frac{(P + C\cot\varphi)(1 - \sin\varphi)}{P_i + C\cot\varphi} \right]^{\frac{2\sin\varphi}{1 - \sin\varphi}} \quad (3-21)$$

式(3-20)和式(3-21)即为修正了的芬纳(R. Fenner)公式。

图3-11为塑性区半径计算图。图3-12示出了 $P_i - R_0$ 曲线,从曲线可知,支护抗力 P_i 越小,塑性区半径 R_0 越大;塑性区半径 R_0 越大,维持极限平衡条件的支护抗力 P_i 越小。在围岩稳定的前提下,可以增大塑性区半径 R_0,从而降低维持极限平衡状态时的支护抗力 P_i,充分发挥围岩的自承载能力。但是,当 P_i 减小至一定值后,围岩应力超过围岩的自承载能力,围岩塑性区半径 R_0 将再次增大,并出现松动而塌落。最小围岩压力 P_{imin} 就是开始松动塌落时的围岩压力,超过此值围岩压力将明显增加, $P_i - R_0$ 曲线不再适用。

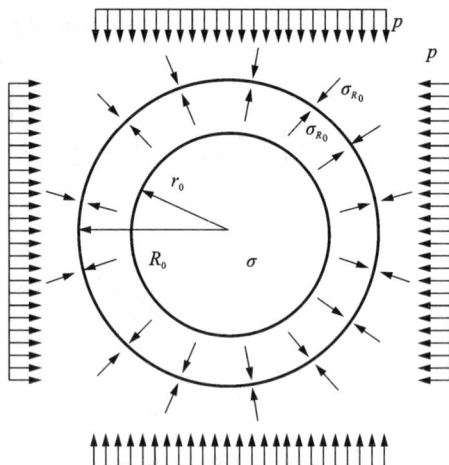

图3-11 塑性区半径计算图

芬纳在推导过程中假设 $C = 0$,得出的结果与上述修正公式稍有差异,其式为:

$$P_i = \left[C\cot\varphi) + P(1 - \sin\varphi) \right] \left(\frac{r_0}{R_0} \right)^{\frac{2\sin\varphi}{1 - \sin\varphi}} - C\cot\varphi \quad (3-22)$$

或

$$R_0 = r_0 \left[\frac{C\cot\varphi) + P(1 - \sin\varphi)}{P_i + C\cot\varphi} \right]^{\frac{2\sin\varphi}{1 - \sin\varphi}} \quad (3-23)$$

在相同的塑性区半径 R_0 条件下,比较式(3-20)及式(3-22)可知,芬纳公

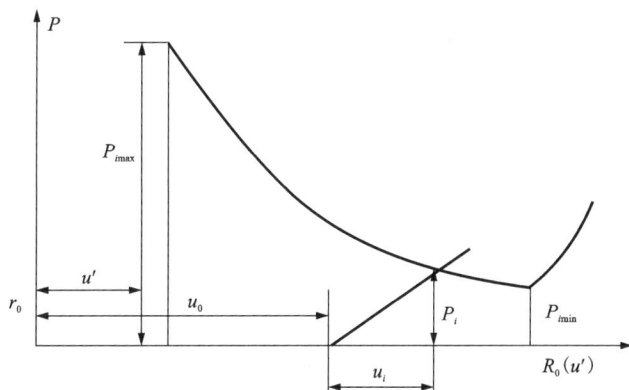

图 3 - 12　$P_i - R_0$ 曲线

u'—刚出现塑性区时洞壁径向位移

式所求得的 P_i 值比修正的芬纳公式多出一项 $C\cot\varphi\left(\dfrac{r_0}{R_0}\right)^{\frac{2\sin\varphi}{1-\sin\varphi}}$，$C$ 值越大，增加越多，而 φ 的情况则相反。设：

$$R_c = \frac{2C}{\tan\left(45° - \dfrac{\varphi}{2}\right)}, \quad \varepsilon = \frac{1-\sin\varphi}{1+\sin\varphi} \tag{3-24}$$

式中：R_c 为围岩的单轴抗压强度。在塑性区，围岩应力、塑性区半径和支护抗力的关系可转换：

$$\left.\begin{aligned}
\sigma_r^p &= \left(P_i + \frac{R_c}{\varepsilon - 1}\right)\left(\frac{r}{r_0}\right)^{\varepsilon - 1} - \frac{R_c}{\varepsilon - 1} \\
\sigma_\theta^p &= \left(P_i + \frac{R_c}{\varepsilon - 1}\right)\varepsilon\left(\frac{r}{r_0}\right)^{\varepsilon - 1} - \frac{R_c}{\varepsilon - 1}
\end{aligned}\right\} \tag{3-25}$$

$$P_i = \frac{2}{\varepsilon^2 - 1}\left[R_c + P(\varepsilon - 1)\right]^{\varepsilon - 1}\frac{R_c}{\varepsilon - 1} \tag{3-26}$$

或

$$R_0 = r_0\left[\frac{2}{\varepsilon - 1} \cdot \frac{R_c + P(\varepsilon - 1)}{R_c + P_i(\varepsilon - 1)}\right]^{\frac{1}{\varepsilon - 1}} \tag{3-27}$$

根据松动区的定义可知松动区边界上的切应力为原岩应力，即 $\sigma_\theta = P$，则由式(3-13)求得：

$$\sigma_\theta = (P_i + C\cot\varphi)\left(\frac{1+\sin\varphi}{1-\sin\varphi}\right)\left(\frac{R}{r_0}\right)^{\frac{2\sin\varphi}{1-\sin\varphi}} - C\cot\varphi = P \tag{3-28}$$

松动区半径为：

$$R = r_0 \left[\frac{(P + C\cot\varphi)(1 - \sin\varphi)}{(P_i + C\cot\varphi)(1 + \sin\varphi)} \right]^{\frac{1 - \sin\varphi}{2\sin\varphi}} = R_0 \left(\frac{1}{1 + \sin\varphi} \right)^{\frac{1 - \sin\varphi}{2\sin\varphi}} \qquad (3-29)$$

由式(3-29)可知松动区半径与塑性区半径存在着一定关系。

管幕预筑法建造的地下结构为永久结构，为确保衬砌结构的稳定和安全，衬砌结构的设计需按照钢筋混凝土结构设计规范，衬砌的设计不应出现塑性变形，工作状态应为弹性变形。由于管幕预筑的衬砌结构对围岩的约束，使围岩与衬砌紧密接触，从地质学角度来看，管幕预筑的衬砌结构的作用主要是维持围岩的原始赋存状态。衬砌结构的强度和刚度足够大时，围岩的原始状态是可以维持的，因而，围岩的压力也可以按照弹性模型进行估算。

3.4.4 柱壳内力分析

长圆柱壳的中曲面如图 3-13 所示。设开口圆柱壳的半径为 a，长度为 x，张角为 φ_0，柱壳厚度为 h，设无量纲量比值 ξ、β 为：

$$\xi = \frac{x}{a}, \ \beta = \frac{h^2}{12a^2} \qquad (3-30)$$

圆柱壳的三个位移分量用 u、v、w 来表示。

基本方程为：

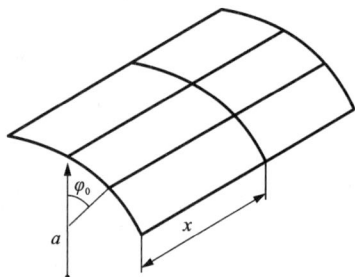

图 3-13 长圆柱壳的中曲面图

$$\left. \begin{array}{l} \dfrac{\partial^2 u}{\partial \xi^2} + \dfrac{1-\mu}{2}\dfrac{\partial^2 u}{\partial \varphi^2} + \dfrac{1+\mu}{2}\dfrac{\partial^2 v}{\partial \xi \partial \varphi} - \mu \dfrac{\partial w}{\partial \xi} = -\dfrac{(1-\mu^2)\alpha^2 P_1}{Eh} \\[3mm] \dfrac{1+\mu}{2}\dfrac{\partial^2 u}{\partial \xi \partial \varphi} + \dfrac{1-\mu}{2}\dfrac{\partial^2 v}{\partial \xi^2} + \dfrac{\partial^2 v}{\partial \varphi^2} - \dfrac{\partial w}{\partial \varphi} + \beta \left(\dfrac{\partial^3 w}{\partial \xi^2 \partial \varphi} + \dfrac{\partial^3 w}{\partial \varphi^3} \right) + \beta \left[(1-\mu)\left(\dfrac{\partial^2 v}{\partial \xi^2} + \dfrac{\partial^2 v}{\partial \varphi^2} \right) \right] \\[3mm] = -\dfrac{(1-\mu^2)\alpha^2 P_2}{Eh} \\[3mm] \mu \dfrac{\partial u}{\partial \xi} + \dfrac{\partial v}{\partial \varphi} - w - \beta \left(\dfrac{\partial^4 w}{\partial \xi^4} + 2\dfrac{\partial^4 w}{\partial \xi^2 \partial \varphi^2} + \dfrac{\partial^4 w}{\partial \varphi^4} \right) - \beta \left[(2-\mu)\left(\dfrac{\partial^3 v}{\partial \xi^2 \partial \varphi} + \dfrac{\partial^3 v}{\partial \varphi^3} \right) \right] \\[3mm] = -\dfrac{(1-\mu^2)\alpha^2 P_3}{Eh} \end{array} \right\} \qquad (3-31)$$

在薄壳中，β 是一个很小的值，凡是含有 β 乘子的项均可略去，此时，方程组简化为式(3-32)。

$$\left.\begin{array}{l}\dfrac{\partial^2 u}{\partial \xi^2}+\dfrac{1-\mu}{2}\dfrac{\partial^2 u}{\partial \varphi^2}+\dfrac{1+\mu}{2}\dfrac{\partial^2 v}{\partial \xi \partial \varphi}-\mu\dfrac{\partial w}{\partial \xi}=-\dfrac{(1-\mu^2)\alpha^2 P_1}{Eh}\\[3mm]\dfrac{1+\mu}{2}\dfrac{\partial^2 u}{\partial \xi \partial \varphi}+\dfrac{1-\mu}{2}\dfrac{\partial^2 v}{\partial \xi^2}+\dfrac{\partial^2 v}{\partial \varphi^2}-\dfrac{\partial w}{\partial \varphi}=-\dfrac{(1-\mu^2)\alpha^2 P_2}{Eh}\\[3mm]\mu\dfrac{\partial u}{\partial \xi}+\dfrac{\partial v}{\partial \varphi}-w-\beta\left[(2-\mu)\left(\dfrac{\partial^3 v}{\partial \xi^2 \partial \varphi}+\dfrac{\partial^3 v}{\partial \varphi^3}\right)\right]=-\dfrac{(1-\mu^2)\alpha^2 P_3}{Eh}\end{array}\right\}\quad(3-32)$$

壳体的内力分量如图 3 - 14 所示,壳体内力表达式简化为式(3 - 33)。

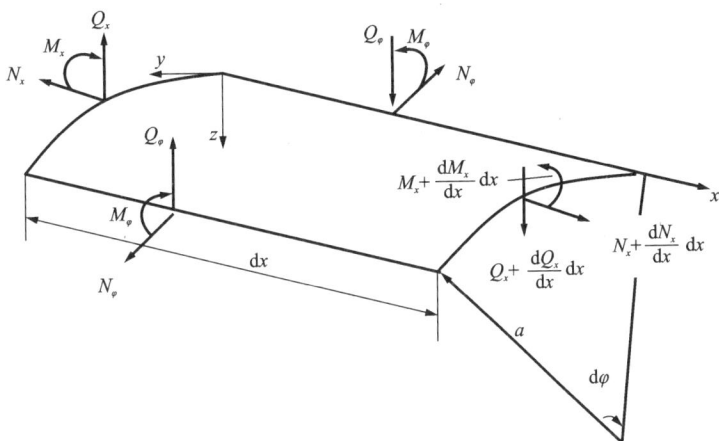

图 3 - 14　壳体的内力分量图

M_x、N_x、Q_x 和 M_φ,N_φ,Q_φ 分别为壳单元曲边和套边的弯矩、轴力和剪力

$$\left.\begin{array}{l}N_x=\dfrac{Eh}{1-\mu^2}\left[\dfrac{\partial u}{\partial x}+\mu\dfrac{1}{a}\left(\dfrac{\partial v}{\partial \varphi}-w\right)\right]\\[3mm]N_\varphi=\dfrac{Eh}{1-\mu^2}\left[\mu\dfrac{\partial u}{\partial x}+\dfrac{1}{a}\left(\dfrac{\partial v}{\partial \varphi}-w\right)\right]\\[3mm]N_{x\varphi}=\dfrac{Eh}{2(1+\mu)}\left(\dfrac{\partial v}{\partial x}+\dfrac{1}{a}\dfrac{\partial u}{\partial \varphi}\right)\\[3mm]M_x=-D\left(\dfrac{\partial^2 w}{\partial x^2}+\mu\dfrac{1}{a^2}\dfrac{\partial^2 w}{\partial \varphi^2}\right)\\[3mm]M_\varphi=-D\left(\mu\dfrac{\partial^2 w}{\partial x^2}+\dfrac{1}{a^2}\dfrac{\partial^2 w}{\partial \varphi^2}\right)\end{array}\right\}\quad(3-33)$$

式中:$D=\dfrac{Eh^3}{12(1-\mu^2)}$为抗弯刚度;$E$ 为弹性模量;$N_{x\varphi}$为剪力。

式(3 - 33)在理论上比较准确,但计算非常复杂,可简化为一个八阶的偏微分方程。其全解 F 可以直接由式(3 - 34)求得:

$$\nabla^2 \nabla^2 \nabla^2 \nabla^2 F + \frac{1-\mu^2}{\beta} \frac{\partial^4 F}{\partial^4 \xi} = \frac{\alpha^4 p_3}{D} \qquad (3-34)$$

式中：$\nabla^2 = \dfrac{\partial^2}{\partial x^2} + \dfrac{\partial^2}{\partial \varphi^2}$。

其位移和内力的表达式如下：

$$\left. \begin{aligned} u &= -\frac{\partial^3 \phi}{\partial \xi \partial \varphi^2} + \mu \frac{\partial^3 \phi}{\partial \xi^3} + u_0 \\ v &= (2+\mu)\frac{\partial^3 \phi}{\partial \xi^2 \partial \varphi} + \frac{\partial^3 \phi}{\partial \varphi^3} + v_0 \\ w &= \frac{\partial^4 \phi}{\partial \xi^4} + 2\frac{\partial^4 \phi}{\partial \xi^2 \partial \varphi^2} + \frac{\partial^4 \phi}{\partial \varphi^4} + w_0 = \nabla^2 \nabla^2 \phi + w_0 \end{aligned} \right\} \qquad (3-35)$$

$$\left. \begin{aligned} N_x &= -\frac{Eh}{a}\frac{\partial^4 \phi}{\partial \xi^2 \partial \varphi^2} \\ N_\varphi &= -\frac{Eh}{a}\frac{\partial^4 \phi}{\partial \xi^4} \\ N_{x\varphi} &= \frac{Eh}{a}\frac{\partial^4 \phi}{\partial \xi^3 \partial \varphi} \end{aligned} \right\} \qquad (3-36)$$

$$\left. \begin{aligned} M_x &= -\frac{D}{a^2}\left(\frac{\partial^2}{\partial \xi^2} + \mu\frac{\partial^2 \phi}{\partial \varphi^3}\right)\nabla^2 \nabla^2 \phi \\ M_\varphi &= -\frac{D}{a^2}\left(\frac{\partial^2}{\partial \varphi^2} + \mu\frac{\partial^2 \phi}{\partial \xi^2}\right)\nabla^2 \nabla^2 \phi \\ M_{x\varphi} &= -\frac{D(1-\mu)}{a^2}\frac{\partial^2}{\partial \xi \partial \varphi}\nabla^2 \nabla^2 \phi \end{aligned} \right\} \qquad (3-37)$$

$$\left. \begin{aligned} Q_x &= -\frac{D}{a^3}\frac{\partial^2}{\partial \xi}\nabla^2 \nabla^2 \nabla^2 \phi \\ Q_\varphi &= -\frac{D}{a^3}\frac{\partial^2}{\partial \varphi}\nabla^2 \nabla^2 \nabla^2 \phi \end{aligned} \right\} \qquad (3-38)$$

式中：ϕ 为柱壳的中面函数。

将式(3-34)的解简化，采用齐次解与特解之和的形式表示，它的齐次解就是式(3-39)的通解：

$$\nabla^2 \nabla^2 \nabla^2 \nabla^2 F^0 + 4\alpha^4 \frac{\partial^4 F^0}{\partial^4 \xi} = 0 \qquad (3-39)$$

当柱壳曲边为简支边界条件时，解的形式可设为：

$$F^0(\xi, \varphi) = \sum_{m=1}^{\infty} A_m e^{\eta \varphi} \sin\lambda_m \xi \qquad (3-40)$$

式中：A_m 为待定系数；η 为特征方程的根；$\lambda_m = \dfrac{m\pi a}{l}$，可以满足柱壳两端边界条件。将单三角级数(3-40)代入式(3-39)，有：

$$\sum_{m=1}^{\infty}\left\{A_{\mathrm{m}}\left[\left(\eta^2-\lambda_{\mathrm{m}}^2\right)^4+4\alpha^4\lambda_{\mathrm{m}}^4\right]\right\}\mathrm{e}^{\eta\varphi}\sin\lambda_{\mathrm{m}}\xi=0 \qquad (3-41)$$

在式(3-41)中，由于 $\mathrm{e}^{\eta\varphi}\sin\lambda_{\mathrm{m}}\xi$ 具有任意性，不能等于零，系数 A_{m} 也不为零，它成立需要的条件是：

$$\left(\eta^2-\lambda_{\mathrm{m}}^2\right)^4+4\alpha^4\lambda_{\mathrm{m}}^4=0 \qquad (3-42)$$

它的 8 个虚根是：

$$\eta_1=-\eta_2=\rho(a+ib);\quad \eta_3=-\eta_4=\rho(a-ib)$$

$$\eta_5=-\eta_6=\rho(c+id);\quad \eta_7=-\eta_8=\rho(c-id)$$

$$\left.\begin{array}{l}\rho=\sqrt{\dfrac{\lambda_{\mathrm{m}}}{2}};\ A_1=\lambda_{\mathrm{m}}+\alpha;\ A_2=\lambda_{\mathrm{m}}-\alpha \\[2mm] a=\sqrt{\sqrt{A_1^2+\alpha^2}+A_1};\ b=\sqrt{\sqrt{A_1^2+\alpha^2}-A_1} \\[2mm] c=\sqrt{\sqrt{A_2^2+\alpha^2}+A_2};\ d=\sqrt{\sqrt{A_2^2+\alpha^2}-A_2}\end{array}\right\} \qquad (3-43)$$

式中：参数 $\alpha=(A_1-A_2)/2$；ρ、a、b、c、d 的数值都随 m 值的不同而改变，则方程(3-39)的通解简化为：

$$\begin{aligned}F^0(\xi,\varphi)=\sum_{m=1}^{\infty}&\left[\mathrm{e}^{-\rho a\varphi}\left(B_1\mathrm{e}^{\eta b\varphi}+B_2\mathrm{e}^{-\eta b\varphi}\right)+\mathrm{e}^{-\rho c\varphi}\left(B_3\mathrm{e}^{\eta d\varphi}+B_4\mathrm{e}^{-\eta d\varphi}\right)\right.\\&\left.+\mathrm{e}^{-\rho a\varphi}\left(B_5\mathrm{e}^{\eta b\varphi}+B_6\mathrm{e}^{-\eta b\varphi}\right)+\mathrm{e}^{-\rho c\varphi}\left(B_7\mathrm{e}^{\eta d\varphi}+B_8\mathrm{e}^{-\eta d\varphi}\right)\right]\sin\lambda_{\mathrm{m}}\xi\end{aligned}$$

$$(3-44)$$

B_1 至 B_8 为待定常数，且已经包括了常系数 A_{m}。利用欧拉公式将式(3-44)中的虚数指数转化为实数三角函数，其角度的规定如图 3-15 所示。ω 是从另一边缘量起的 φ 角。

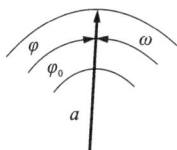

图 3-15　角度示意图

则式(3-44)可变为如下的形式：

$$F^0(\xi,\varphi)=\left(C_1\phi_1+C_2\phi_2+C_3\phi_3+C_4\phi_4\right)\sin\lambda_{\mathrm{m}}\xi \qquad (3-45)$$

式中：C_1、C_2、C_3 和 C_4 为待定常数，m 仍取 $1,2,\cdots,\infty$；ϕ_1、ϕ_2、ϕ_3、ϕ_4 用下式计算：

$$\left. \begin{array}{l} \phi_1 = \mathrm{e}^{-\rho a\varphi}\cos\rho b\varphi \pm \mathrm{e}^{-\rho a\varphi}\cos\rho b\omega \\ \phi_2 = \mathrm{e}^{-\rho a\varphi}\sin\rho b\varphi \pm \mathrm{e}^{-\rho a\varphi}\sin\rho b\omega \\ \phi_3 = \mathrm{e}^{-\rho c\varphi}\cos\rho d\varphi \pm \mathrm{e}^{-\rho c\varphi}\cos\rho d\omega \\ \phi_4 = \mathrm{e}^{-\rho c\varphi}\sin\rho d\varphi \pm \mathrm{e}^{-\rho c\varphi}\sin\rho d\omega \end{array} \right\} \tag{3-46}$$

对式(3-45)取消求和,用符号 Σ 以简化。荷载为对称荷载时式中符号取正号,为反对称荷载则取负号。

方程的特解 F^* 也需用正弦单三角级数写成 x 轴方向的形式:

$$F^*(\xi,\varphi) = \sum_{m=1}^{\infty} q_m \phi^* \sin\lambda_m\xi \tag{3-47}$$

式中: $\phi^* = \phi^*(\varphi)$; 而 q_m 为荷载的傅立叶系数,由下式计算:

$$q_m = \frac{2}{\xi_0}\int_0^{\xi_0} p_3 \sin\lambda_m\xi \mathrm{d}\xi \tag{3-48}$$

将公式(3-45)和(3-47)相加,即可求得全解 F :

$$F(\xi,\varphi) = \sum_{m=1}^{\infty}(C_1\phi_1 + C_2\phi_2 + C_3\phi_3 + C_4\phi_4 + q_m\phi^*)\sin\lambda_m\xi \tag{3-49}$$

根据荷载的对称或者反对称性,根据开口柱壳两端的支撑情况确定柱壳直边的 4 个边界条件,因而求出公式(3-49)中的 4 个待定常数,问题基本得到解决。而管幕预筑的隧道结构只承受法向均布荷载, $p_3 = q$ 为常量,由式(3-49)可得:

$$q_m = \frac{4q}{m\pi}(m = 1, 3, 5, \cdots) \tag{3-50}$$

因为法向荷载 p_3 与 φ 无关,则 ϕ^* 也与 φ 无关,将级数(3-47)代入方程(3-35)即可求得常数 ϕ^* :

$$\phi^* = \frac{\alpha^4}{\lambda_m^2(\lambda_m^4 + 4\alpha^4)D}(m = 1, 3, 5, \cdots) \tag{3-51}$$

代入公式(3-47)后,得特解:

$$F^* = \sum_{m=1,3,5}^{\infty}\frac{16\alpha^4}{m\pi\lambda_m^4(\lambda_m^4 + 4\alpha^4)} \cdot \frac{qa^2}{Eh}\sin\lambda_m\xi \tag{3-52}$$

将特解(3-52)与齐次解(3-45)相加即得出全解:

$$F(\xi,\varphi) = \sum_{m=1,3,5}^{\infty}\left[C_1\phi_1 + C_2\phi_2 + C_3\phi_3 + C_4\phi_4 + \frac{16\alpha^4}{m\pi\lambda_m^4(\lambda_m^4 + 4\alpha^4)} \cdot \frac{qa^2}{Eh}\right]\sin\lambda_m\xi \tag{3-53}$$

上式中的四个积分常数可以根据简支边界条件求出,边界条件为:

$$F = 0; F'' = 0; F''' = 0; F'''' = 0 \quad (在 \varphi = 0 处) \tag{3-54}$$

由公式(3-53)可以得出公式(3-46)中的 $\phi_k(k=1\cdots4)$ 。由于荷载是对称的,其位移和应力也对称,公式(3-46)中需取正号。式(3-53)中的系数在求解时，需要对 ϕ_k 循环导数。因为级数(3-53)的收敛很快，仅取级数的第一项($m=1$)即可得到足够的精度，其特解部分的系数为：

$$k = \frac{16\alpha^4}{m\pi\lambda_m^4(\lambda_m^4 + 4\alpha^4)} \tag{3-55}$$

则方程(3-53)取一项时的解为：

$$F(\xi, \varphi) = \left(C_1\phi_1 + C_2\phi_2 + C_3\phi_3 + C_4\phi_4 + k\cdot\frac{qa^2}{Eh}\right)\sin\lambda_m\xi \tag{3-56}$$

据此可求出开口柱壳在四边简支条件下的各项内力、应力场与位移场，计算结果可满足隧道工程的精度要求。

薄壳的主要应力 σ_x，σ_φ，$\tau_{x\varphi}$ 的极大值可以由内力直接求出：

$$\left.\begin{array}{l} \sigma_x = \dfrac{N_x}{h} + \dfrac{6M_x}{h^2} \\[2mm] \sigma_\varphi = \dfrac{N_\varphi}{h} + \dfrac{6M_\varphi}{h^2} \\[2mm] \tau_{x\varphi} = \tau_{\varphi x} = \dfrac{N_{x\varphi}}{h} + \dfrac{6M_{x\varphi}}{h^2} \end{array}\right\} \tag{3-57}$$

得出壳体的应力状态后即可应用合适的强度理论进行强度校核。利用薄壳的主要应力的极大值可以对管幕预筑隧道衬砌支护内力进行计算和优化设计。

3.5　管幕预筑的隧道结构设计优化分析

3.5.1　隧道断面形式优化

管幕预筑的隧道结构形式灵活多变，如何发挥管幕预筑工艺的优点，降低其工程造价，选择合理的隧道断面是非常必要的。管幕预筑的隧道结构设计优化需要考虑如下几个方面的因素：

(1)隧道使用性质。管幕预筑的隧道通常是在城市软土地层中进行施工，埋深浅，围岩自承载能力较低，隧道断面形式以曲墙衬砌为主。对于 4 车道大跨度公路隧道而言，隧道通常是单层的，必然高跨比小，隧道比较扁平，隧道拱脚围岩受到很大的推力，拱脚处对围岩要求较高。地铁车站结构通常为两层，隧道衬砌结构高跨比较大，对大跨度隧道而言是有利的。

(2)空间利用率。一般情况下，矩形隧道断面形式空间利用率比较高。常规隧道施工方法在软土地层中修建暗挖矩形断面隧道并不经济，但是，管幕预筑法修建隧道因其工艺的特殊性，修建矩形隧道比较方便和经济。

(3)地层条件。由于地层条件不同，管幕预筑隧道封底可以与衬砌一起预筑，也可以在土方开挖阶段进行封底。地层条件不同，管幕预筑隧道的断面形式需要根据实际情况进行优化。

3.5.2 优化管幕结构体系

管幕预筑隧道的体系也需要根据地层条件和衬砌的受力体系进行优化。管幕预筑的隧道衬砌是先于土方开挖前全部预筑好，根据施工工艺，衬砌结构可用拱壳结构，也可用拱肋和拱壳组合的结构。

如图 3 - 16 所示，拱壳形式在受力上相对比较简单，施工也方便，但是其厚度比较大。采取拱肋与拱壳组合的形式，称之为带肋拱壳结构，其主要受力构件为拱肋，拱壳厚度比较小，受力和施工相对复杂些。采用何种结构形式需要进行技术经济分析。

(a)拱壳结构体系　　　　　　(b)拱肋结构体系　　　　　　(c)拱肋拱壳组合结构体系

图 3 - 16　管幕预筑隧道的结构形式

3.5.3 钢管幕潜能利用

对于小断面隧道，为了充分利用隧道空间，管幕预筑隧道结构时，在结构内侧安装了模板，在土方开挖阶段将内侧钢管幕切除，并拆除模板，使空间充分利用。由于工程规模小，工期比较短，消耗的模板量也小，拆除内侧钢管是比较经济的。

而管幕预筑地铁车站规模大，工期长，如果切除内侧钢管幕，则需要进行大量的模板铺设工作；由于工艺特点，使安装的模板必须在土方开挖后才能拆除，造成模板的用量非常大；且前期架设模板和后期钢管幕与模板的拆除都需要大量的人力，成本较高。因此，对于大跨度管幕预筑隧道，内层钢管幕可不拆除，并作为混凝土结构施工的模板，既节约了成本，又加快了施工进度。

显然，对于图 3 - 16 所示结构，由于内侧钢管幕被保留下来了，采取有效的防腐措施，其防锈是可以保证的，而外侧钢管幕直接与土层接触，不好采取防腐措施。

因此，在设计时，对于外侧钢管幕仅考虑作为防水层处理。但是，内侧钢管幕与混凝土组合而成的钢板混凝土结构，由于防腐有保证，其潜能巨大。由于沈阳地铁 2 号线新乐遗址站是国内首个采用管幕预筑法修建的隧道，设计时没有考虑内侧的钢管幕结构在最终结构中的作用。如果能够合理利用钢管幕结构，则结构设计中可以减少大量的钢筋，其经济效益非常可观。

通过初步分析，采取合理的措施，以内侧钢管幕结构代替钢筋混凝土拱壳内层的钢筋是可行的，可以实现内侧钢管幕结构潜能的最大限度发挥。需要采取的措施主要包括以下几个方面：

（1）加强内侧钢管幕结构焊接的施工质量。在钢管幕形成过程中，从钢管内部焊接防水和挡土板时，此时只能进行单面焊接，焊缝的质量需保证。在土方开挖阶段，还需及时对单面焊缝进行补焊，形成双面焊缝。

（2）合理设计钢管的管间钢板切割，合理布置焊缝。由于土方开挖过程中，内侧钢管幕焊缝为单面焊，走向只能沿隧道纵向，容易产生应力集中而破坏，这也给施工带来了风险。钢板切割时需要错缝切割，以便错缝焊接。

（3）在钢管幕内部对内侧进行焊缝补强。通过焊接辅助钢板，加强焊缝处的补强。

（4）钢管幕内对防水挡土板焊缝布置钢筋网，并与内侧钢管幕结构可靠焊接。

3.6　小结

本章从管幕预筑法建造地下空间的技术特点出发，系统地介绍了管幕预筑法施工主要思想，总结了管幕预筑法的技术特点、优点和应用范围。对管幕预筑浅埋暗挖隧道衬砌结构上的荷载和管幕预筑拱壳计算模型进行了分析，探讨了管幕预筑隧道结构设计的优化方案，得到了如下结论：

（1）管幕预筑法利用顶进的相对刚性的大直径钢管，为预筑地下结构支护，再利用预筑的地下永久结构进行地下大空间开挖，该方法适于城市软土地层中建造浅埋暗挖大跨度隧道。

（2）管幕预筑浅埋暗挖隧道衬砌结构是单衬砌结构，施工过程中多次存在体系转换，对地层扰动次数较多，叠加效应明显，衬砌与围岩相互作用时的变形不明显，其围岩压力计算采取浅埋隧道计算方法比较合适，按照静止土压力进行计算是偏安全的。

（3）管幕预筑浅埋暗挖隧道衬砌结构是单衬砌结构，施工过程中计算模型采用四边简支的柱壳理论进行分析比较合理，并得出了衬砌的内力和围岩的应力表达式。

(4)管幕预筑隧道衬砌结构的设计需结合施工工艺，从设计的角度提出对管幕预筑隧道结构优化的思路，主要从隧道断面的形式优化、管幕预筑结构的结构体系优化和管幕预筑法施工辅助措施的钢管潜能利用等三个方面进行优化。

第 4 章　密排管群顶管施工
地表沉降与控制

4.1　管幕预筑隧道衬砌上的荷载

4.1.1　隧道围岩压力分析

沈阳地铁 2 号线新乐遗址站车站主体结构顶管及车站结构示意图如图 4 - 1 所示。车站主体结构共顶进 11 层大直径钢管，管群最大宽度为 26.20 m，高度为 18.90 m，管间距为 2.15 ~ 2.28 m；第 1 ~ 10 层钢管外径为 2.00 m，管壁厚为 20.00 mm；第 11 层钢管外径为 2.30 m，管壁厚为 22.00 mm。顶管采用敞开式手

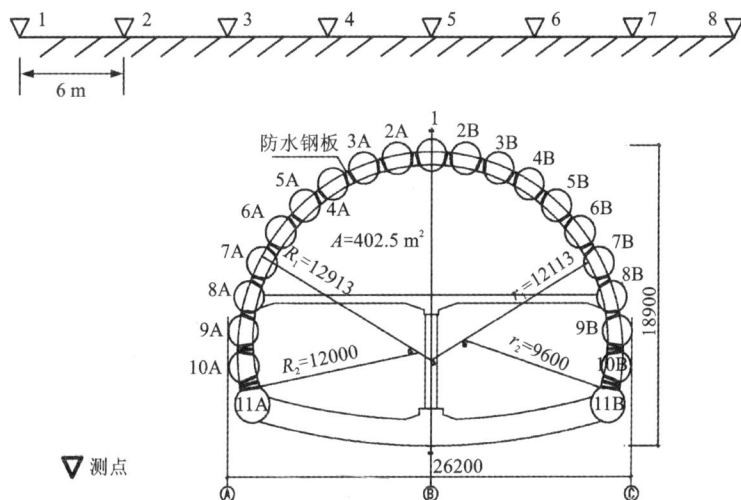

图 4 - 1　主体结构顶管布置及车站结构示意图

A—隧道开挖面积；R_1，R_2—隧道衬砌三心圆外半径；r_1，r_2—隧道衬砌三心圆内半径

掘式施工方法，管群施工顺序如图4-1所示。自拱顶处第1层管开始顶进，自上而下依次顶进，各管相对于顶层管的距离见表4-1，1号管和5B管顶管实况如图4-2所示。相同位置顶管均从前期施工的车站两端横通道内直线对顶，于车站中段对接，不设接收井，对接后焊为一整管。

表4-1 各层管相对顶层管的距离

层号	1	2	3	4	5	6	7	8	9	10	11
水平距离/m	0	2.27	4.46	6.52	8.38	9.93	10.19	11.04	11.42	11.42	10.86
竖向距离/m	0	0.20	0.81	1.80	3.13	4.78	6.68	8.79	10.90	13.05	15.11

(a) 1号管顶管   (b) 5B管顶管

图4-2 1号管和5B管顶管实况

4.2 大直径管群顶管地表沉降预测

4.2.1 圆形隧道地层变形解析公式

Park针对图4-3所示的圆形隧道，在隧道开挖时分别考虑了图4-4所示的4种隧道周边土体变形模式和边界条件，建立了包含图4-5所示的浅埋和深埋隧道的统一的地层应力和变形解析公式，其地层变形解析公式为：

$$u_r = -\frac{1.5}{E_u}\left(\frac{a_0}{r} + \frac{\gamma a^2}{2}\ln r\sin\theta\right) \tag{4-1}$$

$$u_\theta = -\frac{1.5}{E_u}\frac{\gamma a^2}{2}(1 + \ln r)\cos\theta \tag{4-2}$$

式中：a_0 为隧道的等效半径；u_r 为隧道径向位移；u_θ 为隧道环向位移；E_u 为土层压缩模量；γ 为土体重度。对应图 4 - 4 所示的 4 种圆形隧道变形模式，a_0 分别采用以下公式计算。

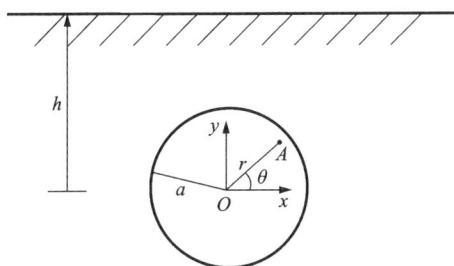

图 4 - 3　圆形隧道参数

r—计算点 A 至隧道中心的距离；a—隧道半径；
θ—计算点 A 与隧道中心连线与水平方向所夹角度；h—隧道埋深

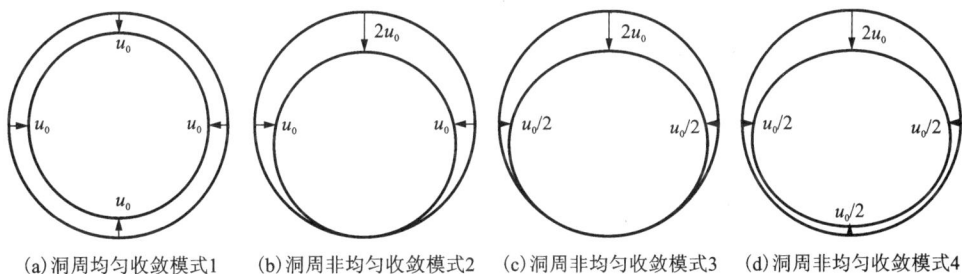

(a)洞周均匀收敛模式1　　(b)洞周非均匀收敛模式2　　(c)洞周非均匀收敛模式3　　(d)洞周非均匀收敛模式4

图 4 - 4　圆形隧道变形模式

u_0—初砌与围岩间隙的一半

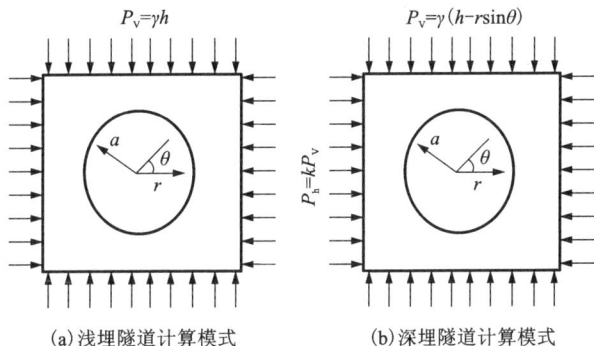

(a)浅埋隧道计算模式　　　　　　　(b)深埋隧道计算模式

图 4 - 5　浅埋与深埋隧道计算模型

P_v—土压力；P_h—侧向土压力；k—侧向土压力系数

位移模式 1：

$$a_0 = 2\mu u_0 a \tag{4-3}$$

位移模式 2：

$$a_0 = 2\mu u_0 (1 + \sin\theta) a \tag{4-4}$$

位移模式 3：

$$a_0 = 2\mu u_0 (1 + \sin\theta - 0.5\cos^2\theta) a \tag{4-5}$$

位移模式 4：

$$a_0 = 0.5\mu u_0 (5 + 3\sin\theta - 3\cos^2\theta) a \tag{4-6}$$

式中：μ 为土层剪切模量。在图 4-3 所示坐标体系中，地层变形也可用竖向位移 u_z 和水平位移 u_x 表示：

$$u_z = u_r \sin\theta - u_\theta \cos\theta = -\frac{1.5}{E_u}\left\{\frac{a_0}{r}\sin\theta + \frac{\gamma a^2}{2}\left[\ln r(\sin^2\theta - \cos^2\theta) - \cos^2\theta\right]\right\} \tag{4-7}$$

$$u_x = u_r \cos\theta - u_\theta \sin\theta = -\frac{1.5}{E_u}\left[\frac{a_0}{r}\cos\theta - \underline{\frac{\gamma a^2}{2}\cos\theta\sin\theta}\right] \tag{4-8}$$

式中：下划线部分为浅埋隧道中初始竖向压力分量 $\gamma \cdot \sin\theta$ 引起的位移，其余部分为深埋隧道引起的位移。

4.2.2 管群顶管施工地表沉降计算

管群施工顶管数量多，顶管相互影响复杂，为简化计算，先忽略顶管的相互影响，推导管群顶管施工引起的地层变形。在图 4-3 所示的极坐标系中，式(4-7)、式(4-8)也可以用直角坐标表示。坐标变换如下：

$$r^2 = z^2 + x^2, \quad \sin^2\theta = \frac{z^2}{z^2 + x^2}, \quad \cos^2\theta = \frac{x^2}{z^2 + x^2}$$

则地层竖向位移 u_z 和水平位移 u_x 用直角坐标表示，竖向位移 u_z 为：

$$u_z = \frac{1.5a_0 z}{E_u(z^2 + x^2)} + \frac{3\gamma a^2}{8E_u}\left[\frac{z^2 - x^2}{z^2 + x^2}\ln(z^2 + x^2) - \frac{2x^2}{z^2 + x^2}\right] \tag{4-9}$$

将式(4-3)~式(4-6)所对应的 a_0 用直角坐标系表示如下。

位移模式 1：

$$a_0 = 2\mu u_0 a \tag{4-10}$$

位移模式 2：

$$a_0 = 2\mu u_0 a\left(1 + \frac{z}{\sqrt{z^2 + x^2}}\right) \tag{4-11}$$

位移模式 3：

$$a_0 = 2\mu u_0 a \left(1 + \frac{z}{\sqrt{z^2 + x^2}} - \frac{0.5x^2}{z^2 + x^2} \right) \tag{4-12}$$

位移模式 4：

$$a_0 = \mu u_0 a \left(2.5 + \frac{1.5z}{\sqrt{z^2 + x^2}} - \frac{1.5x^2}{z^2 + x^2} \right) \tag{4-13}$$

由式（4-9）可得到地表沉降：

$$u_{z=h} = \frac{1.5a_0 h}{E_u (h^2 + x^2)} + \frac{3\gamma a^2}{8E_u} \left[\frac{h^2 - x^2}{h^2 + x^2} \ln(h^2 + x^2) - \frac{2x^2}{h^2 + x^2} \right] \tag{4-14}$$

将 $z = h$ 代入式（4-10）~式（4-13）也得到不同隧道变形模式对应的 a_0。将圆形隧道半径 a、土层剪切模量 μ、土层压缩模量 E_u、土体重度 γ、隧道埋深 h 和地表计算点距隧道中心水平距离 x 分别代入式（4-10）~式（4-13）计算出不同位移模式对应的 a_0，再代入式（4-14），分别计算出管群中各管顶管施工引起的地表监测点的沉降值，叠加即可得到管群施工引起的总沉降量。

4.3 地表沉降监测及测试结果

4.3.1 地表沉降监测方案及顶管日程

根据 PPM 的施工工艺和工程地质条件，在沈阳地铁 2 号线新乐遗址站车站上方的沿车站纵向共设 19 个地表沉降监测面，间距为 8 m，横向测点间距（图 4-1）为 6 m，测点 5 位于车站拱顶上方。管群顶管自 2009-11-26 开始至 2010-06-19 结束，地表沉降每天观测 1 次。

管群顶管日程如表 4-2 所示。每层顶管距离总长为 159.0 m，计划于车站中点处对接。随着对管群顶管技术的掌握，每层顶管的施工周期不断缩短。

表 4-2 管群顶管日程

顶管编号	开始顶进日期—结束日期
1	2009-11-26—2009-12-21
2A 和 2B	2010-12-25—2010-01-08
3A 和 3B	2010-01-12—2010-01-22
4A 和 4B	2010-01-27—2010-02-05
5A 和 5B	2010-02-09—2010-02-24

续表 4-2

顶管编号	开始顶进日期—结束日期
6A 和 6B	2010 - 02 - 24—2010 - 03 - 13
7A 和 7B	2010 - 03 - 19—2010 - 04 - 02
8A 和 8B	2010 - 04 - 07—2010 - 04 - 18
9A 和 9B	2010 - 04 - 20—2010 - 05 - 11
10A 和 10B	2010 - 05 - 05—2010 - 05 - 29
11A 和 11B	2010 - 05 - 20—2010 - 06 - 19

注：顶管编号见图 4-1。

4.3.2　测点沉降时程曲线

图 4-6 所示为两个典型的监测断面测点实测沉降时程曲线，由图 4-6 可知：在共计 11 层的顶管施工过程中，测点沉降均呈增大趋势。每节顶管结束时，都进行了管壁外注浆减阻，使沉降时程曲线不时出现上下波动，且每层顶管后进行的管壁外固化与抬升为目的的注浆，使沉降时程曲线回弹更明显，表明每层顶管结束后的注浆对地表的抬升作用比较明显，有利于抑制地表最大沉降。

此外，地表沉降主要发生在第 2~5 层顶管期间（即在 2010 - 12 - 25—2010 - 02 - 24 顶管期间），地表沉降量明显增加，该阶段沉降量分别超过总沉降量的 90% [图 4-6(a)] 和 80% [图 4-6(b)]。由图 4-1 可知：第 2~5 层的同层顶管间距较小，管群水平跨度为顶管直径的 2~6 倍，管群跨度增幅大，而埋深增幅小，管群顶管施工对土层的扰动明显，扰动的水平距离明显增大，同层顶管和多层顶管施工引起的地表沉降叠加效应明显，地表沉降增幅较大。从第 6 层顶管开始（2010 - 02 - 24），同层顶管的水平间距增大，大于 6 倍顶管直径，管群水平跨度增幅减小，埋深增幅增大，管群顶管扰动的水平距离变化小，同层顶管引起的地表沉降叠加效应不明显，管群顶管对地层扰动的叠加效应减小，地表沉降增幅较小。

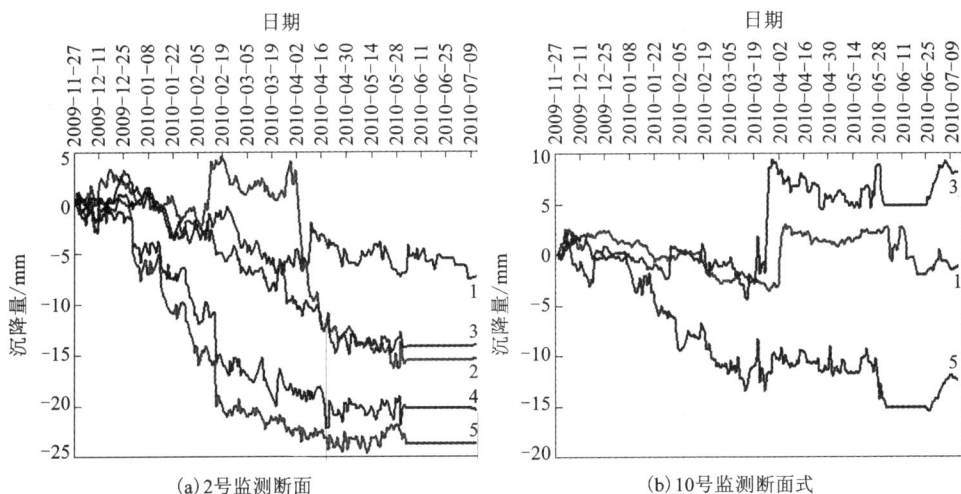

图 4 - 6　监测断面测点沉降时程曲线

曲线 1 ~ 5 分别为图 4 - 1 中的 1 ~ 5 测点的时程曲线

4.3.3　沉降变化曲线

图 4 - 7 所示为前述相同位置两个监测横断面的地表沉降曲线，曲线 1 ~ 5 分别为第 1 ~ 5 层顶管结束时地表累计沉降监测曲线。由图 4 - 7(a) 可知：沉降曲线 1 ~ 5 表明前 5 层顶管过程中，沉降下移趋势明显，管群上方地表的几个测点沉降增幅较大。

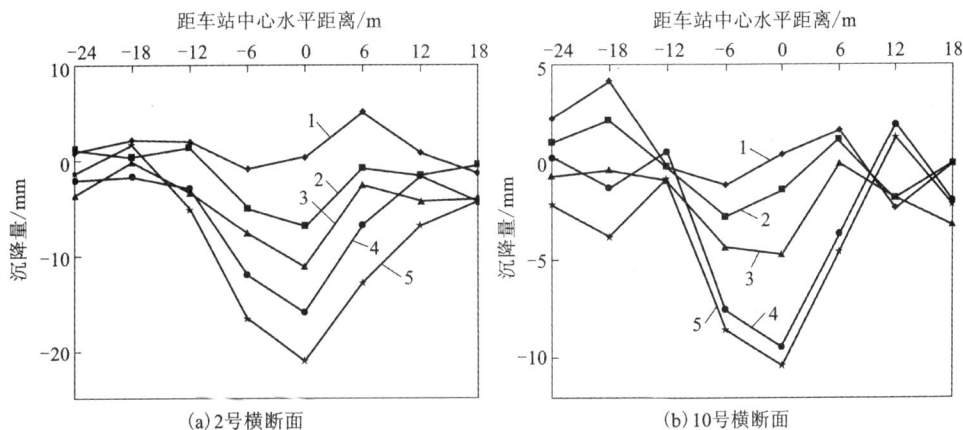

图 4 - 7　横断面的地表沉降曲线

曲线 1 ~ 5 分别为 1 ~ 5 层顶管后的地表累计沉降曲线

从图 4-7(b)可知：沉降曲线 1~5 的变化与图 4-7(a)所示的基本一致；在车站中心两边 12 m 处，沉降量变化异常。这是因为地下管线密布，左侧有一个地下通道从车站上方斜穿过去，在管群顶管前对该通道外侧土体进行了注浆加固处理，刚度比较大，且对下方注浆的封堵效果好，注浆对该区域的抬升效果明显，造成该点沉降量变化异常。随着每层管的间距和埋深的增加，平行顶管引起的沉降叠加效应不明显，沉降量变化不大。

4.4 沉降曲线对比分析

4.4.1 顶层管施工沉降曲线分析

图 4-8(a)所示为顶层管施工引起的地表沉降曲线，顶管直径为 2.0 m，埋深为 10.7 m，属深埋顶管。采用解析公式预测的 4 种洞周土体收敛模式计算的沉降槽曲线为 1~4，其中曲线 2~4 比较接近，且数值比洞周均匀收敛模式计算的沉降曲线 1 的结果大。实测地表沉降的结果波动较大，与沉降曲线 1 更接近。

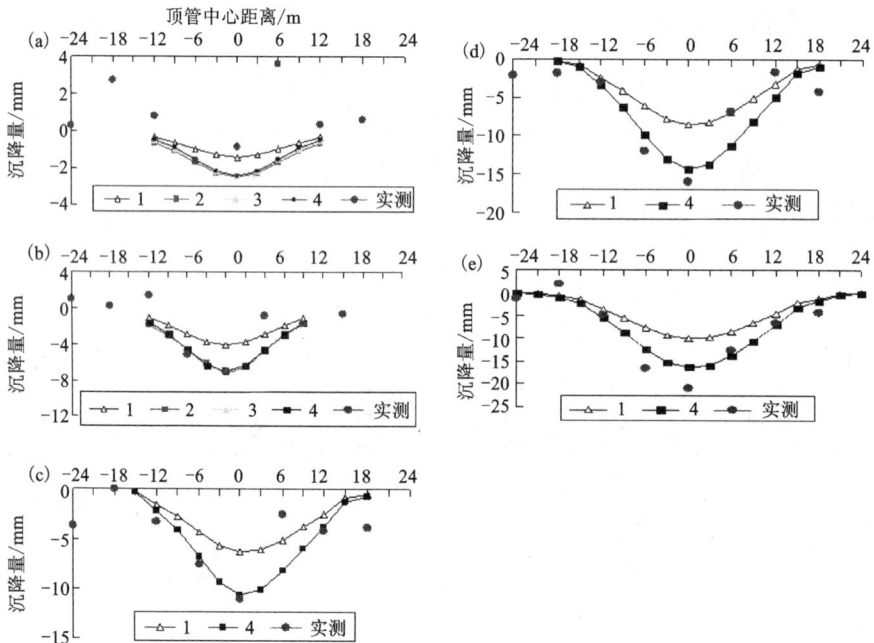

图 4-8　地表沉降槽曲线
（a）~（e）分别为 1~5 层顶管后的沉降槽，
曲线 1~4 分别为采用图 4-4 中的 4 种洞周收敛模式计算的沉降槽

4.4.2　第 2~5 层顶管施工沉降曲线分析

图 4-8(b)所示为第 2 层顶管施工引起的地层横向沉降槽曲线，沉降槽曲线 2~4 仍重合性较好，且与实测沉降量吻合更好。图 4-8(c)所示为第 3 层顶管施工引起的地层横向沉降槽曲线，沉降槽曲线 4 与实测值吻合度比沉降槽曲线 1 的更好。由图 4-8(b)和图 4-8(c)可知：用解析公式预测管群顶管施工最大地表沉降量和沉降时，采用隧道洞周椭圆变形模式预测结果与实测结果吻合度较高，而采用洞周变形为圆形的收敛模式计算的结果比实测结果偏小。

图 4-8(d)和图 4-8(e)所示分别为第 4 层和第 5 层顶管累计横向地表沉降槽曲线，它表明采用隧道洞周椭圆形变形模式计算的管群施工引起的地表沉降槽曲线与实测值更接近，但实测最大沉降量较预测值偏大。其原因在于前面已经完成的 3 层顶管进入了下一道管间切割和管间支撑施工工序，影响因素增多。监测结果表明：钢管切割和支撑作业后，需要及时进行管廊外注浆加固和抬升作业，以实现沉降控制目标。

从图 4-8 中沉降曲线 4 可知，最大预测沉降量分别为 2.4 mm、7.0 mm、10.6 mm、14.3 mm 和 16.4 mm，与实测值接近，且增幅逐渐减小，表明随着管群的埋深增加和两管间的距离增大，对地表沉降的影响减小。

4.5　密排管群顶管施工沉降控制

4.5.1　大直径钢管顶管特点

大直径钢管顶管施工是 PPM 的一道重要工序，且与传统的顶管施工又有很多区别，这些特殊性加大了施工难度，易造成许多问题。只有通过深入研究分析，解决这些问题，才能使复杂条件的管群顶管施工顺利进行，从而为 PPM 的成功实施奠定基础。

大直径钢管顶管施工与普通顶管相比具有明显的特殊性：顶管采用钢管，顶管管径大，管径与壁厚之比较大，稳定性差，管壁厚度、管壁稳定性与经济性矛盾突出，相对于较一般的刚性管而言，钢管的柔度较大，钢管受力复杂，对围岩压力变化敏感，顶管过程管壁容易变形，管断面形状较难保持较好的圆度，顶管轴线易偏移，顶管阻力计算复杂，导致对接不顺利，顶管轴线控制和管形的控制难度大。

4.5.2 顶管施工流程与施工技术

(1)顶管施工流程。

管群钢管顶进前的准备工作主要为相关顶进用件加工、相关设备安装检查等，准备工作完成后即可进行钢管顶进施工。管群顶管施工流程如图4-9所示。

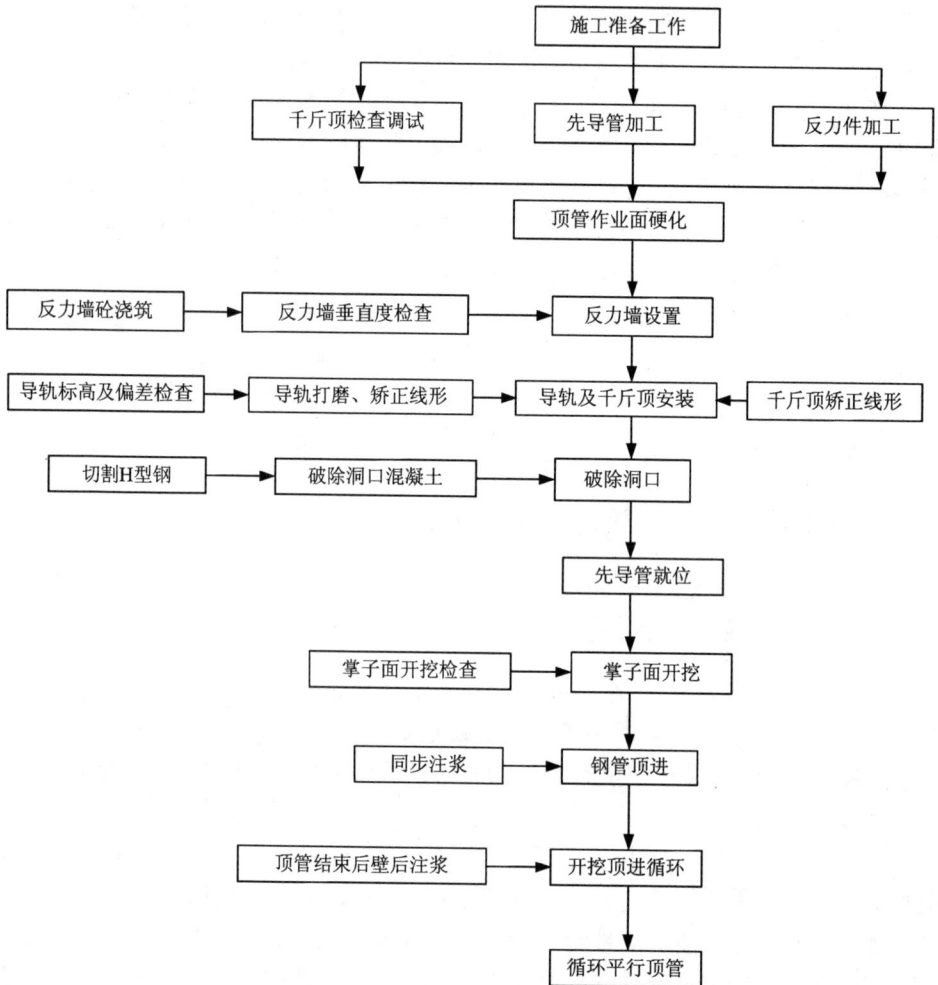

图4-9 管群顶管施工流程图

（2）反力件加工。

反力件主要为钢管顶进过程中提供反力，反力件一般使用 H 型钢反力件，采用 H 型钢 400 mm × 408 mm × 21 mm × 21 mm 制作，长度为 4 m。为了增加刚度，在 H 型钢的翼缘之间焊接加劲肋，加劲肋采用 15 mm 厚钢板制作，详图见图 4 – 10。

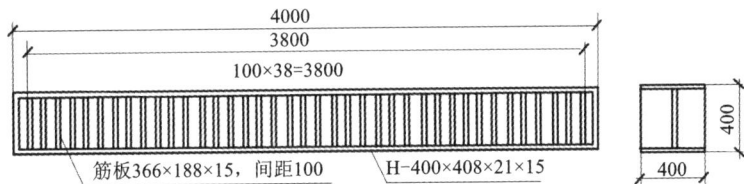

图 4 – 10　H 型钢反力件

（3）顶管基面硬化。

顶管作业面是为了防止正常顶进过程中的地表沉降以及方便施工设置。基面硬化采用 C15 素混凝土硬化，厚度为 150 mm。为了保证钢管顶进作业中底层水的排出以及相邻两节钢管能对接，在钢管顶进洞口处设置排水沟，排水沟宽度为 600 mm。硬化完成后，在工作面放出顶管部位及方位控制点。

4.5.3　钢管顶进施工

钢管顶进的基本要求：

（1）竖井开挖至顶管位置时即可施作顶进平台，根据竖井尺寸以及钢管标准管节长度，合理确定导轨间距以及相关设备的安装位置。

（2）顶进平台施作完成后，进行反力件、导轨、千斤顶的安装。

（3）千斤顶使用前应由有相应资质的检测单位进行标定。

（4）千斤顶轴向方向要与钢管顶进中心线方向一致，轴向左右偏差在静止活塞中心处不得超过 5 mm。

（5）钢管顶进前准备工作完毕后，进行钢管顶进工作。先导管吊放至导轨位置，用千斤顶空推钢管至顶进洞口，进行测量检查复核，无误后准备进行顶进作业。顶进前破除洞口前的端混凝土。

（6）千斤顶通过 H 型钢反力件将反力均匀作用于反力墙和钢管上，千斤顶每行程结束，千斤顶前端加入两根 H 型钢顶铁。顶进施工如图 4 – 11 所示。

（7）每节钢管顶进完毕后应及时进行钢管通长壁后注浆，加固管外土体。

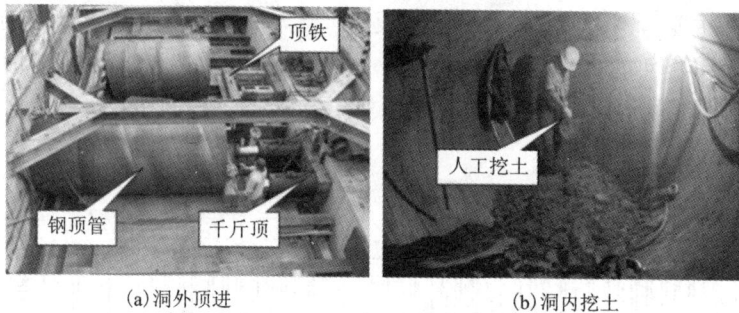

(a)洞外顶进   (b)洞内挖土

图 4 – 11　顶进施工

4.5.4　控制测量与纠偏纠圆

大直径钢管顶管一般要求保持为直线,顶管过程需要加强监控量测,确保顶管线形和顶管不变形,顶管过程中必须勤测勤纠,发现线形偏转或顶管变形要及时进行纠偏和纠圆。

图 4 – 12 所示为顶管监控量测,图 4 – 12(a)所示为掌子面圆心校核,是一道非常重要的顶管施工工序,对顶管的轴线控制至关重要。图 4 – 12(b)所示为超挖量测,掌子面进行的超挖控制是先导管管形圆度控制的基础,超挖形状应尽可能接近圆柱形,超挖深度要求一致,先导管受力应均匀。顶管过程还需进行图 4 – 12(c)所示的偏转监测和图 4 – 12(d)所示的圆度监测,目的是及时发现顶管的轴线、管形变化,以指导后续的顶进施工。

钢管顶进过程中要尽量避免大角度纠偏,在顶进时要多进行小角度纠偏,在前 15 m 的顶进过程中要密切注意观察钢管的变形及线形情况,及时调整开挖方法及钢管加固措施。钢管顶进纠偏需根据纠偏幅度选定合理的纠偏方法。

线形纠偏的方法主要有三种:

(1)掏土纠偏。

钢管偏斜不超过 30 mm 时,一般采用掌子面掏土纠偏,即在偏斜一侧留斜坡土边,另一侧超挖,超挖量为 30~50 mm。

(2)导向板纠偏。

在掏土纠偏不理想的情况下,可采用导向板纠偏,即采用在钢管前端加导向板的方式纠偏,但必须附加立柱加固,以防钢管变形。

(3)先导管纠偏。

当钢管偏斜在 50 mm 以上,且采用掏土纠偏、导向板纠偏均不理想时,将先导管与其尾部钢管切开,并用小千斤顶连接先导管和钢管,用千斤顶在偏斜的一

(a)掌子面圆心校核　　　　　(b)超挖量测

(c)偏转监测　　　　　(d)圆度监测

图 4 - 12　顶管监控量测

侧顶开一段距离,使先导管与后续钢管形成反倾角,在顶进的过程中进行纠偏。

在顶管施工过程中发现先导管变形严重时,需对先导管管形纠圆,控制其变形发展,先导管纠圆主要采取的方法有以下三种:

(1)在先导管前端加柱,用千斤顶矫正。

(2)管内焊加强肋。

(3)先导管顶部采用型钢加强。

4.6　小结

本章利用解析公式对国内首个采用管幕预筑法施工的弧形密排大直径管群顶管施工引起的地表沉降进行分析和预测,得出其地表沉降的变化规律。研究结果表明:

(1)利用解析公式预测弧形密排大直径管群施工引起的地表沉降与实测值相差较小。

(2)在管群施工过程中,顶层管引起的地表沉降较小,从第 2 层顶管开始,随着管群埋深和跨度的增大,顶管对地表沉降的影响先增加后减小,地表最大沉降量增幅逐渐减小。

（3）为了确保地表沉降控制的总目标，每层顶管结束和管群顶管结束均需采取有效的注浆措施控制地表沉降。

（4）大直径管群顶管施工引起的地表沉降易于控制，环境影响小，为管幕预筑法的后续工序施工提供了保障。

第 5 章　地铁车站大开挖施工地表沉降与控制

5.1　地表沉降分析

管幕预筑法施工工艺复杂，各个关键施工工序都会引起地表沉降和侧向变形，在管幕预筑法施工过程中产生的地表沉降主要有四个部分，即顶管引起的地表沉降、管间切割引起的地表沉降、大开挖引起的地表沉降和地面固结沉降。

5.1.1　顶管引起的地表沉降

大密度近距离进行钢管顶管作业是管幕预筑法施工的关键步骤，将大开挖空间分割成小空间，且利用相对刚度较大的大直径钢管的保护作用进行小空间的开挖，增加了施工的安全性，降低了施工的风险。

管幕预筑法施工工艺特点决定了管群之间的距离非常小。大密度平行顶钢管期间，顶管先导管与后续管的管径差引起的管外空隙，以及掌子面的超挖或欠挖对地层产生的扰动，加上近距离大密度多次顶管对地层的扰动，引起的地层损失较大，使地表产生沉降。每次顶管过程和顶管结束后，适时从洞内向管外进行注浆，可有效减小管外空隙，从而有效减小地表沉降，必要时可以提高注浆压力和增加注浆量进行地表抬升。

5.1.2　管间切割引起的地表沉降

当管群部分或全部顶管作业完成后，需要将相邻顶管沿结构轮廓线进行分段跳格切割，挖除管间土体，将相邻管间用钢板焊接密封，然后在相邻焊接防水钢板间加剪力构件，即施加钢管混凝土支撑。管间进行钢管切割，管间土体支护被切除，管间局部土体也被清除，管间土体向临空面变形引起土体损失。虽然后续管间防水钢板的焊接和管间支撑的施加可控制管间土体的继续变形，但防水钢板外侧仍然存在超挖，且管间需全部连通，土体损失叠加效应比较明显，引起的地表沉降也比较大。在管间切割期间，管间土体出现超挖时应及时补混凝土，尽快焊接防水钢板并加管间支撑，加撑时施加预应力，加撑结束后，对管间防水钢板外侧进行注浆，可有效减小地表沉降，必要时也可以提高注浆压力和增加注浆量进行地表抬升。

5.1.3 大开挖引起的地表沉降

传统的地下结构是先开挖再施作地下结构，管幕预筑地下结构是预先在管廊内施作，在地下结构发挥作用的前提下进行大开挖。大开挖引起的地层损失主要来自结构的变形和结构的整体下沉。由于地下结构为永久结构，其弹性变形引起的土体损失比较小，地下结构的基础沉降引起的整体下沉是大开挖阶段引起的地层沉降的主要原因。

控制大开挖阶段的地表沉降主要采取的措施有两个：其一是增加地下结构的刚度；其二是在钢管切割与施加管间支撑后、结构施工前，在管廊内对地下结构基础下方和外侧面进行花管注浆，增加基础下方的地基承载能力和增加对基础的位移限制。

5.1.4 地表固结沉降

地表固结沉降是由于管幕预筑法施工工艺中多次对周围土体扰动、土层疏水和有效应力的改变引起的固结沉降。前面三种地表沉降可以通过采取合理的施工方法和施工措施进行控制，但是管幕预筑法多次扰动土体，后期的固结沉降是无法消除的。固结沉降受地层条件影响较大，固结时间和固结沉降量存在很大的差别。砂土地层固结沉降量较小，持续时间较短，而软土地层固结沉降量较大，持续时间也较长。

由管幕预筑隧道施工地表沉降特点可知，管幕预筑隧道施工引起的地表沉降主要是由大开挖引起的地表沉降引起的。在前期顶管阶段和钢管切割阶段引起的地表沉降可以通过钢管内的注浆措施进行控制，必要时可以通过从顶管管内向外侧注浆抬升，实现大开挖前地表零沉降或控制性预隆起，前两个施工阶段引起的地表沉降可以忽略不计。大开挖阶段，结构的变形和整体沉降引起的地表沉降和固结沉降是沉降预测的重点。

5.2 施工期地表沉降分析

5.2.1 基本假设

考虑管幕预筑法工艺特点，管幕预筑隧道大开挖阶段做如下的假设：

（1）假定前期顶管和钢管切割阶段注浆后土体处于稳定状态，以结构在钢管廊内施工完成后作为研究的初始状态。

（2）围岩的土性参数以勘察资料为参考，以前期顶管作业和钢管切割后注浆信息反馈与现场监测信息，综合确定。

（3）由于施工工艺的限制，不考虑钢管幕在大开挖过程中的作用，仅考虑钢筋混凝土结构的作用。

（4）围岩和结构的共同作用比较复杂，结构内土方开挖过程中空间效应明显，全部贯通后则表现为平面应力状态，计算按照平面结构进行分析。

5.2.2　地层损失引起的沉降计算

管幕预筑隧道施工引起的地层损失量 V_s 和沉降槽宽度系数 i 的合理确定对于正确预测地表沉降的量值和分布情况至关重要，而这两个指标的确定与隧道施工地质条件、施工工艺和支护措施有关。管幕预筑隧道施工工艺与常用的地铁开挖方法不同，大开挖前已经做好了地下永久结构，因而引起的地层损失的机理不一样。

管幕预筑隧道大开挖阶段管幕预筑隧道结构位移如图 5 – 1 所示，主要由图 5 – 1(a) 中地下结构的变形和图 5 – 1(b) 中结构整体沉降引起。ω_i 为结构变形曲线与原结构轴向围成的面积，结构变形曲线可以通过计算地下结构在荷载作用下的各个断面的位移求得，也可以通过监测得到，从而求出变形曲线与结构原轴线所围的面积。图 5 – 1(a) 中结构的变形引起的地层损失 V_1 为：

$$V_1 = \sum \omega_i \qquad (5-1)$$

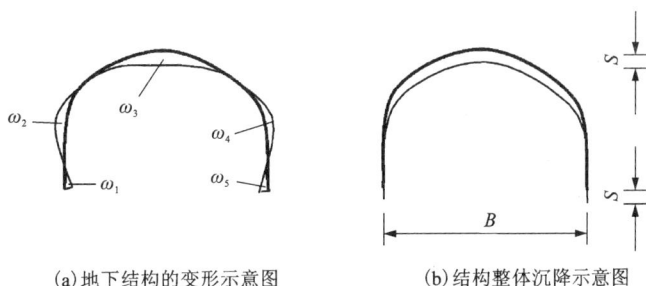

(a)地下结构的变形示意图　　　　　(b)结构整体沉降示意图

图 5 – 1　管幕预筑隧道大开挖阶段管幕预筑隧道结构位移

取管幕预筑结构线为弧坐标，设沿法线方向的径向位移为 u_r，则变形后轴线与变形前轴线沿弧长 ds 所围面积 dω 为：

$$d\omega = u_r ds \qquad (5-2)$$

变形引起的地层损失 V_1 为:

$$V_1 = \sum \omega_i = \sum \int_{s_1}^{s_2} u_r ds = \sum \int_{\theta_1}^{\theta_2} r \cdot u_r d\theta \qquad (5-3)$$

对于深埋圆形洞室,侧压力系数 λ 不等于 1 时,由于洞室开挖洞壁产生的径向位移 u_r 的计算公式为:

$$u_r = \frac{(1+\mu)p_0}{2E} \cdot r[(1+\lambda) - (1-\lambda)(3-4\mu)\cos2\theta] \qquad (5-4)$$

式中: E 为土体弹性模量; λ 为侧压力系数; p_0 为地表荷载; μ 为土体泊松比。

深埋圆形洞室与浅埋圆形洞室的围岩压力存在区别,但是管幕预筑法采取的预支护措施限制了围岩的变形,且预支护结构也是永久结构,其变形在弹性范围内,可以将其视为等效浅埋圆形洞室,其洞壁产生的径向位移计算公式与式(5-4)形式相同。

图 5-1(b) 中结构整体沉降引起的地层损失 V_2 近似计算值为:

$$V_2 = S \cdot B \qquad (5-5)$$

式中: S 为墙底沉降量; B 为隧道结构的最大宽度。

计算结构整体下沉引起的地表沉降,可将管幕隧道结构视为刚性。对于埋深为 H 的浅埋隧道,结构顶部受到的换算均布荷载 q 为:

$$q = \gamma H \left(1 - \frac{H}{B \cdot \lambda \tan\theta}\right) \qquad (5-6)$$

根据太沙基方法,墙底受到的竖向压力应为结构顶部总换算荷载减去围岩下沉时由于侧压力作用对围岩或衬砌结构的摩阻力,摩阻力自拱脚至地表进行积分,设洞室高度为 h,则墙底压力 p 为:

$$p = \frac{1}{2}\left(qB - 2\int_0^{H+h} \lambda \sigma_v \tan\theta dh\right) \qquad (5-7)$$

式中: σ_v 为浅埋隧道围岩竖向压应力,由下式计算。

$$\sigma_v = \frac{\gamma B}{2\lambda \tan\theta}(1 - e^{-\lambda\tan\theta\frac{H}{B/2}}) \qquad (5-8)$$

墙底在竖向荷载 p 作用下的沉降量 S_1 可以采用平面应变状态下半平面体的沉降公式计算,如下式所示:

$$S_1 = \frac{2p(1-\mu^2)}{\pi E_c} \int_0^{c/2} \ln\frac{a}{r} dr \qquad (5-9)$$

式中: a 为沉陷基点到墙脚中心的距离; c 为墙的宽度。

如果施工过程采取降水措施,由于地质条件不同,降水导致土层中孔隙水压力和有效应力的变化不同,则降水引起的拱脚压密量也需计入结构整体沉降量,按照砂土层和黏土层分别计算:

$$S_2 = \frac{\gamma_w \Delta h t}{E_c} \tag{5-10}$$

$$S_\infty = \frac{\alpha_v}{2(1+e_0)} \gamma_w \Delta h t \tag{5-11}$$

式中：S_2 为砂层的压密量；γ_w 为水的重度；Δh 为承压水位降低值；t 是砂层或黏土层厚度；E_c 为压缩模量；S_∞ 是黏土层的压密量；α_v 为压缩系数；e_0 是孔隙比。整体沉降量 S 为：

$$S = \begin{cases} S_1 + S_2 = \dfrac{2p(1-\mu^2)}{\pi E_c} \displaystyle\int_0^{c/2} \ln\frac{a}{r}\mathrm{d}r + \dfrac{\gamma_w \Delta h t}{E_c} & （砂土层） \\[4mm] S_1 + S_\infty = \dfrac{2p(1-\mu^2)}{\pi E_c} \displaystyle\int_0^{c/2} \ln\frac{a}{r}\mathrm{d}r + \dfrac{\alpha_v}{2(1+e_0)}\gamma_w \Delta h t & （黏土层） \end{cases}$$

$$\tag{5-12}$$

管幕预筑法隧道大开挖阶段引起的地层损失 V_s 为：

$$V_s = V_1 + V_2 = \sum \omega_i + S \cdot B \tag{5-13}$$

将式(5-12)带入 Peck 公式(1-4)即可得出大开挖阶段地表沉降曲线。

5.2.3　工后沉降分析

管幕预筑法工艺多次对周围土体扰动，地层有效应力的改变将引起工后固结沉降。以隧道轴心为圆心，径向坐标系下的固结方程为：

$$\frac{\partial u_r}{\partial t} = c_v \frac{1}{r} \frac{\partial}{\partial r}\left(r \frac{\partial u_r}{\partial r} \right) \tag{5-14}$$

边界条件为：

$$u_r \mid_{r=r_0} = 0 \tag{5-15}$$

初始条件为：

$$u_r \mid_{t=0} = r_w (r_0 + H - h_0 - r\cos\theta) \tag{5-16}$$

式中：u_r 为径向位移；t 为消散时间；c_v 为竖向固结系数；r 为径向坐标；r_0 为隧道半径；h_0 为地下水位深度；r_w 为地下水容重；θ 为径向坐标系中圆心角。

在定解条件下，隧道开挖后的周边孔隙水压力为：

$$u_r(r, t) = \sum_{m=1}^{\infty} \frac{2}{\left[\dfrac{(H+r_0-h_0)}{\cos\theta}\right]^2 [J'_0(\mu_m)]} \cdot \left\{ \frac{(H+r_0-h_0)^3}{\cos^2\theta} J_1 - \left(\frac{r_0}{\mu_m}\right)^3 \cos\theta \cdot \right.$$

$$\left. \left[J_1\left(\frac{\mu_m(H+r_0-h_0)}{r_0 \cdot \cos\theta}\right)^3 - J_2\left(\frac{\mu_m(H+r_0-h_0)}{r_0 \cdot \cos\theta}\right)^2 \right] e^{-c_v(\mu_m, h_0)} J_0 \frac{\mu_m}{r_0} r \right\}$$

$$\tag{5-17}$$

式中：$J_0(\mu_m)$，$J_1(\mu_m)$ 和 $J_2(\mu_m)$ 分别为 μ_m 的零阶、一阶和二阶贝塞尔函数；μ_m

为 $J_0(r)$ 的第 m 个零点。

与隧道轴心的夹角为 θ 的地面,在隧道开挖 t 时刻的固结沉降 $s(t, \theta)$ 为:

$$s(t, \theta) = \int_0^{(H+r_0-h_0)/\cos\theta} m_{\mathrm{v}}[u_{\mathrm{r}}|_{t=0} - u_{\mathrm{r}}(r, t)]\mathrm{d}r \quad (5-18)$$

式中: m_{v} 为土的体积压缩系数。

5.3 车站主体大开挖对地层的影响

由管幕预筑隧道施工地表沉降特点可知,管幕预筑隧道施工引起的地表沉降主要是由开挖阶段施工引起的。在前期顶管阶段和钢管切割阶段引起的地表沉降可以通过钢管内的注浆措施进行控制,必要时可以通过从顶管管内向外侧注浆抬升,实现大开挖前地表零沉降或控制性预隆起,这两个阶段的地表沉降是可控的,可以忽略。

开挖阶段,结构的变形和整体沉降引起的地层损失是引起施工阶段地表变形的主要原因,是沉降预测的重点。管幕预筑法的工后固结沉降缺乏实测数据,且固结沉降受到预筑结构的支撑作用,进行准确的预测难度较大。但是由于管幕预筑法施工多次扰动土体,工后沉降比较大,对制定沉降控制指标非常关键,工后沉降预测也是非常必要的,计算需进一步简化。

5.3.1 大开挖时的地层沉降计算

使用管幕预筑法建造地下空间结构时,施工的地下结构的断面形式、大小、埋深,地层条件,地下结构的刚度,预筑的地下结构完整性,施工过程中的控制措施是否及时与有效,对地层损失产生的影响非常大。

图 5-2 所示为沈阳地铁 2 号线新乐遗址站采用管幕预筑法施工的比选方案。图 5-2(a)采取的办法是将地下结构外围全部预筑完成后再进行结构内部的土方开挖,预先浇筑的地下结构形成了封闭结构。图 5-2(b)采取底板顺筑的方法,地下结构没有封闭成环,在内部土方开挖过程中,借助拱脚临时支撑的作用完成底板的施工。显然图 5-2(a)所示的方案预先完成封闭地下结构时,结构变形引起的地层损失相对图 5-2(b)要小,但从应用条件、工期和造价来比较,两种方案存在较大差异性。

这些差异性表现在地层损失计算过程中的计算模式、荷载、结构刚度、地下结构与围岩共同作用都不同,结构产生的变形不一样,由结构变形引起的地层损失也不一样。地层条件不一样,预筑地下结构的地基承载能力不一样,由地基沉降引起的地层损失也会不一样。地层损失引起的地表沉降 δ_3 可用下式表示:

$$\delta_3 = \delta_3(x_1, x_2, x_3, x_4, x_5, x_6) \quad (5-19)$$

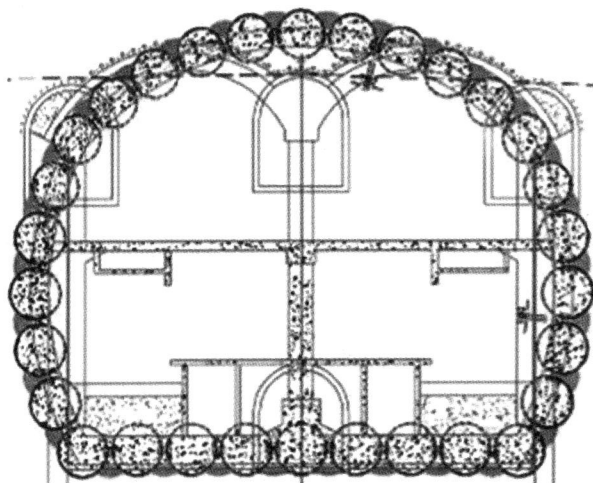

(a) 全封闭预筑结构

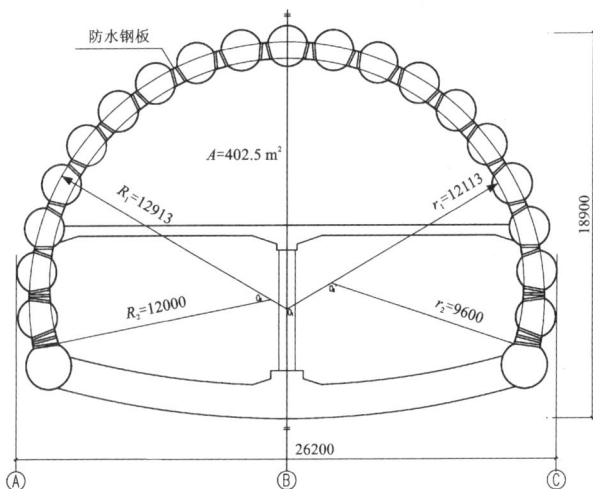

(b) 半封闭预筑结构

图 5 - 2　沈阳地铁 2 号线新乐遗址站采用的管幕预筑法的比选方案

式中：变量 $x_1 \sim x_6$ 分别为管幕预筑的地下结构的等效半径与跨度比、隧道埋深与跨度比、结构刚度比、地基承载力、结构完整性系数和支护时间。

只考虑地层损失时，采用 Peck 公式预测管幕预筑暗挖隧道引起的地表沉降，分别计算离洞口 79 m 处站厅层和站台层土方开挖横断面稳定后的沉降槽。由于上覆土层主要为砂土，砂土的地层损失率按照 0.5% ~ 2% 下限值计算，沉降槽宽度系数为 0.25 ~ 0.5，地表预测值与实测值如表 5 - 1 所示。

表5-1 地表沉降预测值与实测值

	站厅层开挖		站台层开挖	
	预测值	实测值	预测值	实测值
隧道埋深 H/m		9.4		9.4
开挖高度 h/m		11.2		17.3
开挖跨度 B/m		24.6		24.6
开挖断面面积 A/m²		170.2		315.3
隧道中心埋深 Z/m		15.6		18.8
变形面积 ω/($\times 10^{-4}$ m²)	1.2	0.8	2.0	1.8
墙脚沉降 S/mm	0.01	0.01	9.2	10.5
地层损失 V_s/($\times 10^{-4}$ m²)	3.7	3.3	4.3	4.4
地层损失率 η/($\times 10^{-4}$%)	0.53	0.33	1.9	1.9
沉降槽半宽度 i/m	10.2	15.3	13.4	15.6
地表最大沉降 S_{max}/mm	6.8	9.2	11.3	12.2

将表5-1中的最大沉降量 S_{max} 带入 Peck 公式,绘制出站厅层和站台层开挖时的地表沉降预测图,如图5-3所示。从图5-3中可以看出,对于管幕预筑法施工,由于预先施工的地下外围结构的作用,地表沉降最大值在可控范围内,随着站台层的开挖,地表沉降最大值增量不大,仅为3.5 mm。

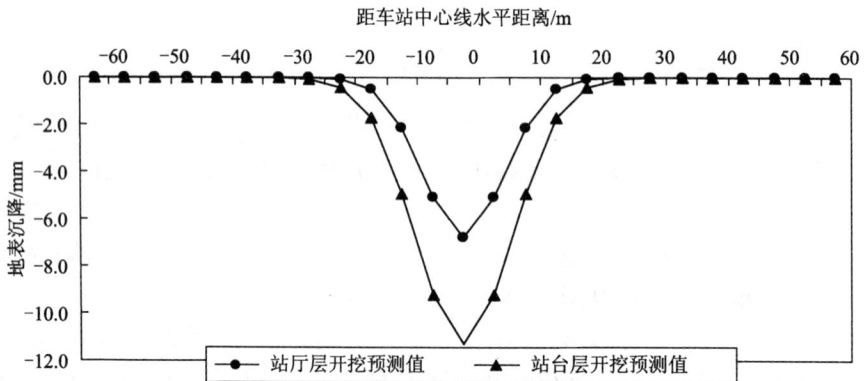

图5-3 地层损失引起的地表沉降预测图

5.3.2　工后固结沉降计算

图 5 - 4 为钻孔(ZX - 0070)所在车站横断面降水示意图,各土层均取平均厚度。从图 5 - 4 中可以看出降水引起的沉降主要位于⑤ - 5 圆砾层和⑦ - 1 泥砾层。由于水位监测点数量太少,降水后的水位线只能粗略估算。降水引起的地表沉降计算点自隧道中心点开始,间距为 5 m 的横断面计算点 6 个。降水自站台层土方开挖时开始,隧道中心下方水位线距底板高度大于 2 m。

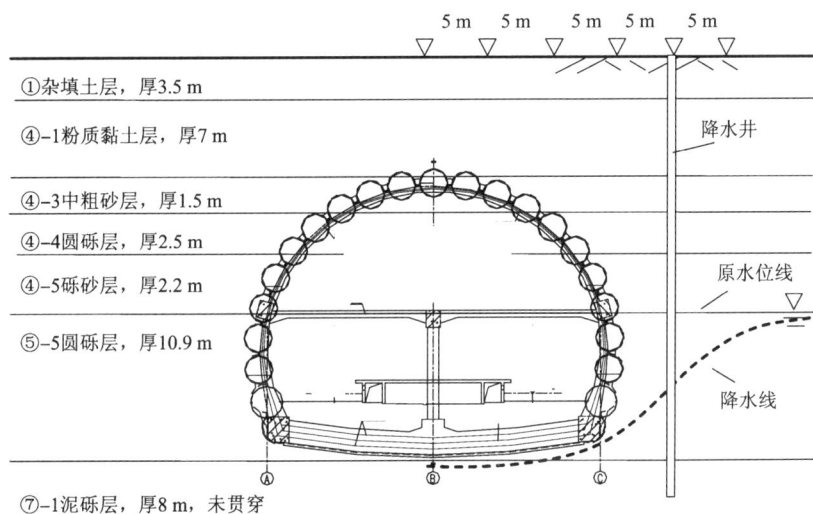

图 5 - 4　降水引起的地表沉降计算断面图

各地层地质情况及参数选取见表 5 - 2,地表超载取 20 kPa。站台层施工后,由式 5 - 18 预测的工后固结沉降曲线如图 5 - 5 所示,沉降槽宽度比较大,反弯点位置约为隧道跨度的 2 倍,隧道跨度范围沉降曲线呈现明显的塌落特征,且该区间沉降量基本相等,为 7 ~ 8 mm。

表 5 - 2　地层参数表

层号	土类名称	层厚 /m	重度 /(kN·m^{-3})	压缩模量 /MPa	压密系数 /MPa^{-1}	初始孔隙比
①	杂填土层	3.5	19.3	—	—	—
④ - 1	粉质黏土层	7	19.6	5.96	0.33	0.81
④ - 3	中粗砂层	1.5	18.2	12.01	0.14	0.62

续表 5 – 2

层号	土类名称	层厚/m	重度/(kN·m⁻³)	压缩模量/MPa	压密系数/MPa⁻¹	初始孔隙比
④ – 4	圆砾层	2.5	19.9	14.5	0.12	0.46
④ – 5	砾砂层	2.2	20.7	10.39	0.18	0.61
⑤ – 5	圆砾层	10.9	19.9	16.3	0.11	0.43
⑦ – 1	泥砾层	8	20	7.43	0.33	0.91

5.3.3 地表沉降预测

管幕预筑隧道结构内土方施工引起的沉降由地层损失引起的沉降(图 5 – 3)与工后固结沉降(图 5 – 5)叠加而得,叠加结果如图 5 – 6 所示。

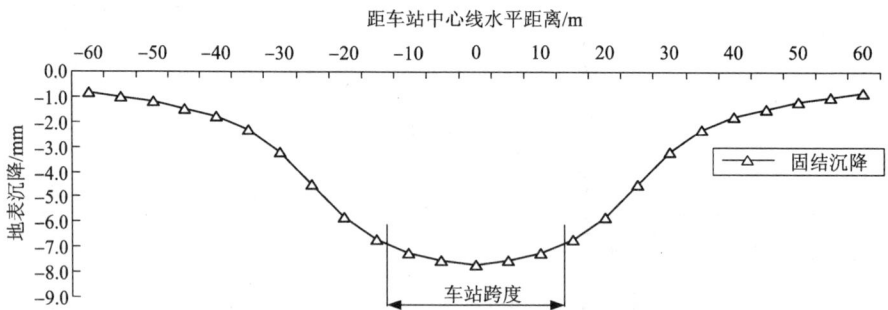

图 5 – 5　工后固结沉降预测曲线

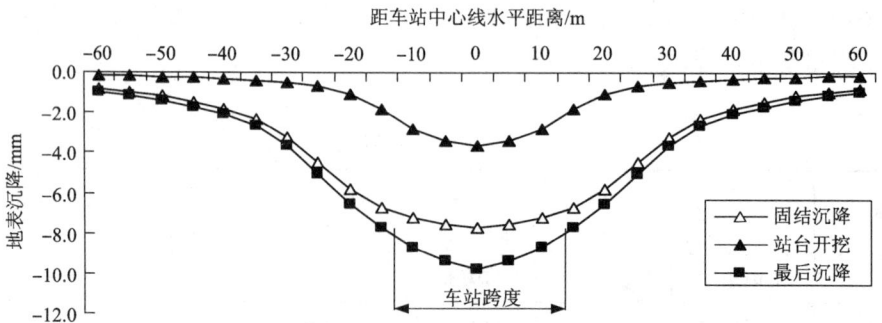

图 5 – 6　土方施工引起的地表沉降预测曲线

5.4　地层沉降控制分析

5.4.1　地层沉降控制总体思路

管幕预筑法建造地下空间技术，施工工序多，工艺较复杂，施工对地层的影响是动态变化和逐步累积的，需要按照施工工序引起的地层沉降的控制标准进行分解，制定各施工步序的控制指标或控制标准，实现对每个施工步序引起的地层沉降和地下结构的变形进行控制和安全管理。

在管幕预筑法建造地下空间技术的工程实践中，通过理论分析、数值模拟和工程类比，将地层沉降和地下结构的力学响应参数按照施工步序分解，建立各施工步序的控制标准。在施工过程中采用信息化施工，密切监测地表沉降的发展情况，将监测结果与分步控制标准相比较，对于沉降过大或者急剧沉降需要加大监测力度，并分析产生的原因及时采取有效的控制措施，控制每一步施工工序引起的沉降不超出安全范围。

5.4.2　地表沉降控制规划

管幕预筑法施工工序复杂，前期顶管和钢管切割引起的地表的沉降虽然可以采用注浆抬升的办法进行处理，但是地下结构施作完成后，再进行注浆就比较麻烦，且后期土方开挖一直对地层有干扰，地层的沉降没有稳定，给土方开挖阶段的沉降预测带来困难。地下结构施工阶段需要对土方开挖、降水引起的固结沉降及停止降水后引起的地表沉降进行分阶段控制规划。

运用 FLAC^{3D} 软件对管幕预筑地铁车站大开挖的施工过程进行仿真试验后，制定地表沉降的阶段控制目标。考虑管幕预筑法建造的地下结构在施工阶段不仅是一种支护手段，更重要的是要作为地下结构的永久结构，结构的设计按照弹性理论进行分析，结构产生的变形是有限的，由结构变形引起的地表位移是比较小的，而施工过程中降水引起的固结沉降不可忽视。

5.4.3　地层沉降控制的技术措施

在对地表沉降预测、沉降规划和沉降控制研究基础上，有针对性地在勘测、预测、监测、控制阶段对各主要环节采取了相应的地表沉降控制措施，实现地表沉降总量不大于 30 mm 的控制目标。

根据预筑法主体结构的工艺特点，主体结构是在预筑的部分结构发挥作用后，才进行内部土方开挖和内部结构施工。由于开挖断面面积达到 402.5 m²，单跨跨度达到 26.2 m，土方开挖过程中拱脚下方地基承受的荷载非常大，应力集中现象明显，土体容易达到破坏而产生较大的水平位移和沉降，因此，施工过程中应控制拱脚位移，使其在允许值范围内。控制拱脚位移可以采取如下几种方法：

（1）主体结构钢管切割完成后，通过钢管廊道对主体结构拱脚外侧和下方注浆，加固拱脚外侧和下方的土体，增加拱脚下方土体强度和刚度，改善拱墙的传力路径。

（2）拱脚注浆可以采取小导管注浆和加锁脚锚杆，增加对拱脚的约束作用，有效增加拱脚的厚度和刚度，降低拱脚的收敛效应。

（3）在主体结构下层土方开挖过程中，在拱墙适当位置设置临时支撑，控制拱脚的净空收敛。在下层土方开挖前施作临时支撑，可采取钢筋混凝土支撑，也可采取钢筋支撑。

（4）主体结构内土方施工步长优化。增加底层土方开挖作业段的数量，及时进行底板的混凝土施工，使衬砌结构尽早闭合，利用主体结构自身的空间刚度，为后续施工提供保护空间。

以上几种方法主要是从措施上来控制拱脚的位移，其定量计算仍然存在不确定性，计算结果尚需施工监测数据来验证。

5.5 管幕预筑隧道沉降控制研究

管幕预筑法建造的地下空间，采取了很多辅助措施，或者说管幕预筑法由这些辅助措施组合而形成一种新工法。管幕预筑法最初沿结构轮廓线顶管和钢管间的切割和联通，并辅之以注浆加固，最终预筑形成地下结构，这一阶段对地层产生了多次扰动，其施工叠加效应很难明确确定，在此不做研究。

本书主要的研究阶段为管幕预筑法施工的结构施工阶段，对地下结构的加固主要是在地下结构完成阶段和结构内部土方开挖阶段，加固措施也主要集中于这个阶段。

管幕预筑隧道衬砌虽然是在土方开挖前完成的，但是前期顶管作业和钢管切割阶段多次对地层扰动，前期引起的地层沉降已经比较大，且在地层条件较差的条件下施工，地层沉降尚未稳定，建造的地下空间跨度大，地表沉降控制比较严格，结构施工过程需预留足够的安全值，需要采取有效的措施确保地表沉降在可控范围。

5.5.1 围岩预加固

隧道开挖后围岩应力将重新分布，对于预筑大跨度地下结构而言非常不利。对圆形断面隧道而言，在弹性介质与静水压力场条件下，隧道开挖后，周边的最大主应力变为初始应力的两倍，当重分布的应力比围岩的单轴抗压强度大时，隧道周边围岩将塑性化，控制沉降需要强大的支护结构。

车站主体结构采用管幕预筑法施工，跨度非常大，超出现有公路 4 车道隧道，且浅埋于城市软弱地层中，为了解决主体结构隧道开挖对围岩的不利影响，减小隧道周边出现围岩塑性化的趋势，需要对围岩进行预加固。

前期顶管结束和管间钢管切割与焊接阶段，多次对管外空隙充填注浆，以控制地层沉降。因顶管阶段所注膨润土浆液的主要作用是减阻和控制地表沉降，每根钢管顶管结束后，需对管外进行注浆，固化膨润土浆液，恢复与提高围岩承载力。所注浆液宜采用水灰比较小的水泥浆液，通过钢管内壁向管外注浆。

由于管外空隙由前期充填的膨润土浆液占据，具有较好的流动性，该阶段进行水泥浆液注浆在顶管外能很好地与膨润土浆液混合，混合的浆液为水泥土浆液，确定注浆压力需要考虑工程环境、围岩压力、地层条件、钢管稳定性和注浆系统的管路损失等，这些因素有时又相互影响。

确定注浆压力的原则为：

(1)从注浆的目的来说，注浆是用来改善和固化顶管外的膨润土浆液，减小顶管后的工后沉降，必要时还需进行地表抬升，抵消后续施工产生的沉降。注浆压力的确定是确保水泥浆液和膨润土浆液充分混合，有效填充顶管外空隙，控制地表位移的关键因素之一。

(2)注浆压力需要考虑围岩压力，围岩压力跟顶管埋深和地层条件密切相关。顶管埋深不一样，围岩压力不一样。根据顶管埋深，围岩压力的计算分为两种情况：浅埋隧道压力计算和深埋隧道压力计算。

(3)地层条件不同，地层对浆液压力的承受能力不一样，注浆压力应尽可能减少浆液对围岩的影响，也就是说，应尽可能减少浆液向围岩的漏失，也就是尽可能减少向围岩的渗透和劈裂。

(4)注浆压力不能造成顶管产生过大的变形，注浆压力的计算需要考虑管路压力损失。

最大注浆压力的确定需比顶管外围岩压力略高，根据我国 400 余座铁路隧道施工塌方资料进行统计分析，隧道顶部的垂直均布荷载为：

$$q = 0.45 \times 2^{s-1} \gamma \omega \qquad (5-20)$$

式中：q 为竖向围岩压力，kPa；S 为围岩级别；γ 为围岩的天然容重，kN/m³；ω 为跨度影响系数，其值为：

$$\omega = 1 + i(B_t - 5) \qquad (5-21)$$

式中：B_t 为坑道宽度，m。当采用顶管时，荷载值可适当减少。

当顶管为浅埋时，顶管顶部的垂直均布荷载 q 为：

$$q = \gamma H \qquad (5-22)$$

式中：γ 为顶管上覆围岩天然容重，kN/m³；H 为顶管埋深，那坑顶至地表的距离，m。

因此，确保地表不出现隆起，顶管浅埋时，注浆口压力应在式(5-22)基础上提高 0.05 MPa；顶管深埋时，注浆口压力应在式(5-20)基础上提高 0.05 MPa。

为了控制浆液向围岩劈裂，与地层条件相关。对于粉细砂地层和砂卵石地层，劈裂注浆的启裂压力 p_r 达到式(5-23)的标准时，就会导致地层破坏。

$$p_r = \frac{(rh - r_\omega h_\omega)(1 + K_2)}{2} - \frac{(rh - r_\omega h_\omega)(1 - K_2)}{2\sin\varphi'} + c'\cot\varphi' \qquad (5-23)$$

式中：γ 为砂或砂砾石的容重；γ_ω 为水的容重；h 为注浆段深度；h_ω 为地下水位高度；K_2 为主应力比；φ' 为有效内摩擦角；c' 为有效凝聚力。

对于软土地层，值得注意的是，水力劈裂现象常在不高的注浆压力下发生，注浆时要控制注浆压力。

注入量的估算可以参照盾构法同步注浆量的计算方法计算，由于顶管外空隙已有膨润土浆液，因而再次注入水泥土浆液时，其注入率较同步注浆的注入率要小。浆液的注入量 Q，通常可按下式估算：

$$Q = V\alpha \qquad (5-24)$$

式中：V 为管片与围岩间空隙量；α 为注入率。

准确确定注入率 α 对估算浆液注入量至关重要。影响注入浆的因素较多，并且复杂地纠缠在一起。盾构隧道的注入率主要由压密系数 α_1、土质系数 α_2、施工损耗系数 α_3 和超挖系数 α_4 四部分组成。显然，顶管过程中注入的膨润土浆液充填了管外的空隙，因而二次注入水泥土浆液的注入率需要考虑膨润土浆液固化后体积的变化。膨润土浆液体积缩小率非常大，参照盾构法同步注浆量的计算方法计算时，将注入率适当调小，调小幅度不宜过大。单位长度顶管的注入量 Q 为：

$$Q = \left[\frac{\pi}{4}(D_1^2 - D_2^2)\right]m\alpha \qquad (5-25)$$

式中：D_1 为理论掘削外径，m；D_2 为顶管外径，m。

注浆量也可根据地层沉降恢复值综合确定。水泥土浆液固化后沿顶管外侧形成水泥土环形固化带，具有较好的防渗性，从图 5-7 和图 5-8 所示钢管切割后管壁注浆结石体的照片可以看出，顶管壁外注浆结石体厚度一般达到 4 cm 左右，而顶管时先导管外径仅比后续管大 1 cm，说明通过顶管时的同步注浆和顶管结束后的壁后注浆，效果较好。

从图 5-8 所示注浆结石体断口可以看出，结石体断口颜色由白色过渡到灰色，顶管结束后注入的混凝土浆液与前期顶管同步注入的膨润土浆液混合较好，结石体为水泥土结石体，白色为膨润土结石体，灰色为水泥浆液结石体。从断口可以看出，水泥结石体致密性较好，厚度较大，应该对钢管具有较好的防锈作用，其防锈作用尚需进一步研究。目前管幕预筑隧道结构设计中尚未考虑钢管的承载能力，如果能解决其防锈问题，管幕预筑隧道结构设计中可以大幅度降低配筋或者取消配筋，节约的成本将非常可观。所有钢管顶管结束后，管间需要进行钢管切割与防水钢板的焊接，此时需要对管间局部土方进行加固，此时需要进行注浆加固，为控制注浆范围，注浆压力需比前述注浆压力有所提高。

图 5-7 管壁外水泥土结石体

图 5-8 管壁外水泥土结石体断口

钢管的管间切割和防水钢板焊接完成后形成二层钢管幕结构，防水钢板外围岩产生了回弹，且与钢管幕存在空隙，这时仍需从钢管幕内部向钢管幕结构外注浆，此时需要提高注浆压力对围岩进行加固，必要时需要进行抬升注浆，将地表沉降控制在合理范围。这期间也是对永久结构外围岩注浆最好的作业时间，一旦在两层钢管幕结构间的永久结构浇筑完成，再对永久结构外进行注浆，难度会加大，费用也会成倍增加。因此，永久结构施工前，需要从钢管幕内对围岩进行加固，适当提高压力，并对地表进行抬升以利于后期土方开挖对地表沉降的控制。

5.5.2 拱脚围岩预加固分析

大跨度公路隧道中，因车道数的增加，跨度加大而高度变化较小，使断面变得扁平，应力重分布变差，开挖后拱脚处的应力集中明显，对地基承载力要求较高，需对拱脚处围岩进行预加固。

管幕预筑隧道地铁车站主体结构为单跨超大断面隧道，虽然其高跨比较现有4车道公路隧道大，但是由于是城市软土地区的浅埋隧道，土方开挖过程中，拱脚处围岩的应力集中明显，需对拱脚附近围岩进行预加固。

在底板施工前，随着拱底土方的清除，拱脚有下沉和收敛的趋势，拱脚加固需考虑拱脚处的基底压力、拱脚受到的推力、地基承载力和地基摩擦力。

管幕预筑隧道通常跨度大，埋深浅，且地基承载能力差，而拱脚基底压力较大，拱脚处的地基应力集中现象明显，为了提高拱脚处地基承载力和减小拱脚处的基底压力，需分别对拱脚底部和外侧土体进行加固，加固示意图如图 5-9

所示。

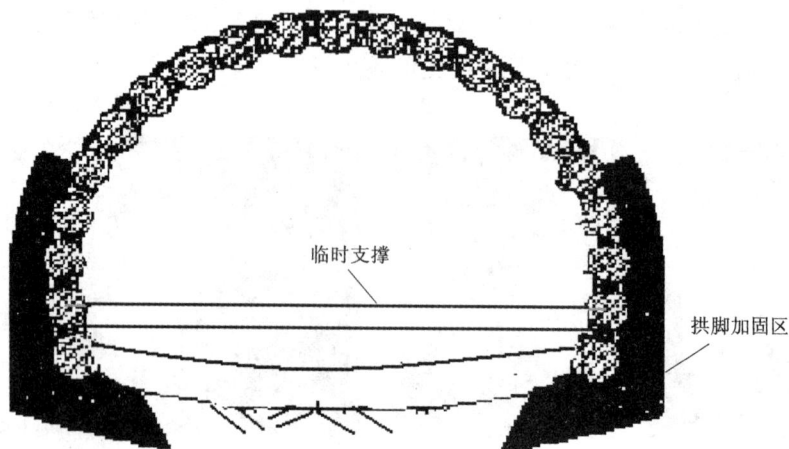

图 5 - 9　拱脚加固示意图

通过对拱脚底部土体进行注浆加固，可以提高地基承载能力，而对拱脚外侧土体加固，相当于增加了拱脚的宽度，降低了拱脚基底压力。

拱脚加固的方法是在拱脚钢管幕形成之后，混凝土浇筑之前，在钢管幕内向拱脚下方和外侧进行注浆，注浆采用小导管或花管注浆。采用小导管注浆的好处在于施工方便。小导管采用 2 ~ 3 m 长的 ϕ50 mm 的无缝钢管，在钢管幕侧壁切割小孔后，通过小孔采用锤击或风枪顶进方法，可将小导管插入围岩中。因小导管注浆受到长度的限制，当注浆范围更大时，宜采取花管注浆。采取劈裂注浆加固，浆液采用水泥浆液，凝结时间为 20 ~ 40 min，注浆压力为 1.0 ~ 1.5 MPa。

图 5 - 9 中拱脚加固区采用小导管注浆，将拱脚外侧的围岩加固并与拱脚连接成一个整体。注浆后，相当于将拱脚的宽度增加，降低了拱脚基底的压力。拱脚底部的小导管注浆后，不仅加固了地基，同时也能将基底荷载扩散，并向深部传递，能够提高对拱脚水平约束。

5.5.3　拱脚自平衡支撑分析

图 5 - 9 中主体结构拱脚处临时支撑采用钢管支撑，钢管支撑具有承载能力大，质量轻，体积小、装拆方便的特点，在车站内部采取多根钢管组合使用，可满足受力要求。

钢管支撑与主体拱壳外侧的钢管幕采取焊接形式，使钢支撑体与拱壳结构联结为整体，增加了稳定性，避免了因预加力卸荷而导致支撑脱落的情况发生。钢管支撑采用可调式双向螺旋千斤顶作为预加力装置，螺旋千斤顶与钢管组合为一体共同受力。双向式螺旋千斤顶结构简单，如图 5 – 10 所示。

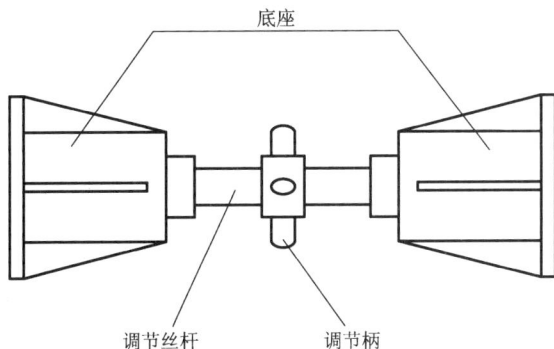

底座

调节丝杆　　　调节柄

图 5 – 10　双向式螺旋千斤顶示意图

自身作为钢支撑的一部分，能对支撑提供轴心双向可调预加力的加载装置，能够做到对钢管支撑轴力进行准确控制，增加了拱脚支撑体系的安全性。

可调式双向螺旋千斤顶的特点是：设置于支撑的中轴上，加载时支撑轴心受力，支撑构件两侧受力均匀；采用梯形螺纹加载原理，无须钢楔加固，不会导致钢支撑的卸荷；双向施加轴力，即可提供轴向压力，也可提供拉力；方便对其轴力进行调整，在拆除钢支撑时，可以实现缓慢卸载。

可调式双向螺旋千斤顶可以克服传统千斤顶的加力方式不足：钢支撑在预加轴力时，千斤顶设置于支撑的两侧，加载时支撑偏心受压，导致支撑构件很容易两侧受力不均匀；千斤顶加载后，使用钢楔对活络头加固固定，当钢楔发生变形或滑脱时，会导致钢支撑的卸荷；千斤顶对钢支撑预加荷载是单方向的，只有轴向压力，无法施加拉力，千斤顶拆装不便，钢支撑加载后，再对其轴力进行调整很困难；在拆除钢支撑时，钢支撑所受荷载瞬间卸除，产生安全隐患。

图 5 – 11(a)管幕预筑车站主体结构拱脚为曲边墙，其支撑轴力的计算模式如图 5 – 11(b)所示，在主动侧压力（梯形荷载）作用下，支撑轴力 F 和拱脚两端的剪力 Q_1、Q_2 与主动土压力平衡。

为了计算简化，如图 5 – 11(b)所示，可以假定主动土压力为均布荷载 $q = q_1 + q_2$，曲边墙与拱分界面剪力 $Q_1 = 0$。设曲边墙高度为 h，在水平方向为了满足平衡条件，则：

$$F = \frac{q_1 + q_2}{2}h - Q_2 \qquad (5 - 26)$$

很显然，基底摩阻力 Q_2 是可以根据基底条件进行估算的，当 Q_2 到达极限时，F 为最小值。因此支撑抗力必须满足：

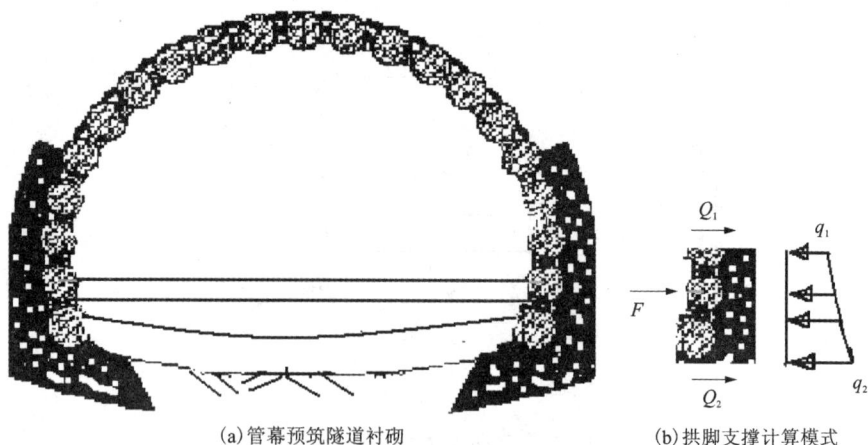

(a)管幕预筑隧道衬砌   (b)拱脚支撑计算模式

图 5 - 11 拱脚支撑计算模型

$$R \geqslant \left(\frac{q_1 + q_2}{2} h - Q_2 \right) / n \qquad (5-27)$$

式中：n 为安全因子。

为降低成本，通常管幕预筑隧道施工的衬砌没有完全闭合，在土方开挖过程中架设的临时支撑内力的计算也可根据弹性力学方法中圆环受均布压力的 Verruijt 解答来计算。圆环仅受均布外压 q 时，圆环的应力表达式为：

$$\sigma_\rho = -\frac{1 - \dfrac{r^2}{\rho^2}}{1 - \dfrac{r^2}{R^2}} q, \quad \sigma_\theta = -\frac{1 + \dfrac{r^2}{\rho^2}}{1 - \dfrac{r^2}{R^2}} q \qquad (5-28)$$

式中：σ_ρ 为法向应力；σ_θ 为径向应力；r 为管幕预筑衬砌结构的等效内半径；R 为管幕预筑衬砌结构的等效外半径；q 为围岩压力，根据管幕预筑结构的强度、刚度和稳定性确定。

临时支撑受到的轴力即为图 5 - 11 所示临时支撑点对应圆环截面径向和环向内力在水平方向的分力。圆环纵向长度设为单位 1，临时支撑点处等效圆环截面内力为：

$$\left.\begin{array}{l} F_\rho = \displaystyle\int_r^R \sigma_\rho \mathrm{d}\rho = -q\int_r^R \dfrac{1-\dfrac{r^2}{\rho^2}}{1-\dfrac{r^2}{R^2}}\mathrm{d}\rho \\[3em] F_\theta = \displaystyle\int_r^R \sigma_\theta \mathrm{d}\rho = -q\int_r^R \dfrac{1+\dfrac{r^2}{\rho^2}}{1-\dfrac{r^2}{R^2}}\mathrm{d}\rho \end{array}\right\} \tag{5-29}$$

将式(5-29)中的合力沿水平方向进行分解即可求得临时支撑需提供的支撑力为:

$$F_N = F_r \mathrm{con}\theta + F_\theta \sin\theta \tag{5-30}$$

此时,支撑抗力须满足

$$R \geqslant F_N / n_2 \tag{5-31}$$

式中: n_2 为安全因子。

同样,可以算出衬砌拱脚对地基的竖向压力为:

$$F_y = F_r \sin\theta + F_\theta \mathrm{con}\theta \tag{5-32}$$

5.6　小结

本章分析了管幕预筑法施工引起的地层沉降、地层损失,并对降水引起的地表沉降进行了分析,结合新乐遗址站施工监测数据,分析了车站主体开挖对地层的影响,探讨了管幕预筑法施工地表沉降控制方法及预加固技术措施。通过研究,得到了如下结论:

(1)管幕预筑隧道地层沉降特点。

管幕预筑法隧道施工前期的顶管阶段和钢管切割阶段对地层扰动较大,但引起的地表沉降可在钢管内通过注浆控制。地表沉降主要由管幕预筑隧道内土方开挖施工时的地层损失和降水引起。

(2)管幕预筑隧道地层损失特点。

管幕预筑隧道地层损失主要由预筑隧道结构内土方开挖引起:由结构变形和结构的整体下沉两部分组成,提高管幕预筑隧道衬砌结构和衬砌基础的刚度可以有效减少地层损失。

(3)主体结构内土方开挖施工时地表沉降。

管幕预筑法建造地下空间技术不需降水施工,大开挖阶段地层沉降主要由主体结构变形引起的地层损失引起,主体结构在土方开始开挖阶段引起的地表沉降相对较小。当站厅层土方开挖时,地层损失较大,引起的地表沉降相对较大。

（4）管幕预筑隧道施工地表沉降的控制方法。

首先制定地层沉降控制总体思路，制定各个施工阶段的沉降控制标准，施工过程中采用信息化施工，密切监测地表沉降的发展情况，将每一步施工工序引起的沉降控制在安全范围内，以确保整个控制目标的实现。

其次，做好地表沉降预测，建立数值模型对施工进行仿真分析，对土方开挖、降水引起的固结沉降及停止降水后引起的地表沉降进行预测，根据数值分析结果，采取必要的技术措施对薄弱环节进行控制和处理。

（5）管幕预筑隧道预加固的措施。

围岩预加固：前期顶管过程需加强顶管过程时的同步注浆减阻和壁后注浆加固，减少和恢复前期施工对地层的扰动，加固围岩以提高管幕预筑隧道结构与围岩的相互作用，达到较好的施工效果。永久结构施工前，对地表进行注浆抬升，有利于后期的地表沉降控制。

拱脚围岩预加固：采用小导管对拱脚外侧和下方的围岩进行注浆加固，提高拱脚与围岩的相互作用，增加拱脚的宽度，降低拱脚的压力和提高拱脚的地基承载能力，增加地基和拱脚围岩对拱脚的水平约束。

拱脚自平衡支撑分析：拱脚处采用承载能力大，质量轻，体积小，装拆方便的钢管支撑，将钢管支撑与主体拱壳外侧的钢管焊接，使钢支撑体与拱壳结构联结为整体，提高钢管支撑的稳定性。钢管支撑采用可调式双向螺旋千斤顶作为预加力装置，螺旋千斤顶与钢管组合为一体共同受力。双向施加轴力，能对钢管支撑轴力进行准确控制，确保拱脚支撑体系的安全，同时方便对轴力进行调整，拆除钢支撑时，可实现缓慢卸载。提出了临时支撑轴力采用等效圆环受均布外压时的等效估算方法。

第6章 管幕预筑地铁站数值分析

6.1 引言

岩土工程因为地质条件的复杂性和特殊性，理论分析总会面临各种复杂情况，理论分析需要做很多假定，很难得出理论解答，且得出的理论解答与工程实际也存在较大的差距，而数值模拟越来越成为分析岩土工程问题的一种有效手段，可以得出一些规律性的东西，且便于优化分析，对于理论分析和工程实践具有很好的指导作用。目前，有很多软件可以分析岩土方面的问题，其求解方法主要是采用有限元方法和快速拉格朗日差分法。

快速拉格朗日差分法在20世纪70年代中期由英国皇家工程院院士Peter Cundall博士研发并实现程序化和应用，是一种基于显式差分法求解偏微分方程的数值分析方法。它采用多种介质材料模型与边界条件，采用离散元的动态松弛法求解非规则区域的连续问题，求解过程不需解大型方程组，计算时间大幅缩短，便于在微机上实现。可对岩土工程中的连续介质进行大变形分析和研究岩土工程的破坏问题。

该方法将计算区域划分为差分网格，将荷载施加在某一节点上，用时间步长Δt的有限差分形式写出此节点的运动方程。在任意时刻某一个节点受到来自相邻区域合力的影响，若合力不平衡，节点就会产生运动。设节点上集中有该临接结点的质量，节点将产生加速度，在一个时步中算出节点的速度和位移增量。同样，对任何一个区域都可由它周边节点的速度求得该区域的应变率，应力增量则利用材料的本构关系求出。各节点在t与$t+\Delta t$时刻的不平衡力和加速度可利用应力增量求出。对加速度积分即可求出节点的位移，进而得出各节点新的坐标值。另外，因物体的变形使单元产生整旋，算出相应的应力变化值，将其叠加即得新的应力，迭代计算完成一个循环后，进入下一时步的循环运算，直到不平衡力足够小或各节点的位移趋于平衡。

非线性与线性本构关系在算法上没有差别，显式差分方法可利用已知的应变增量求出不平衡力和应力增量,求解过程不需存储矩阵,对内存要求较低,较小的内存就可模拟大量单元,对于大应变模拟与小应变模拟耗时相当。自动惯性缩放和自动阻尼可克服小时步局限性和需要阻尼的问题,且不影响破坏模式。显式差分方法求解在求解非线性问题时运算速度大幅加快。

美国 Itasca 公司开发的 FLAC 软件首先将连续体的快速拉格朗日差分法应用于岩土工程问题的计算,该软件在解决岩土工程问题上具有许多优越性,是岩土工程技术人员进行数值模拟的一种理想工具,可模拟不同岩性和不同开挖状态条件下的岩层运动,易于模拟振动、失稳、大变形等动态问题。

FLAC 适用于求解非线性和大应变问题,模拟时可能发生物理不稳定情况。使用 FLAC 进行线性模拟时速度较慢,模拟单元弹性模量差异比较大和某些三维实体单元时效率较低。

6.2 拉格朗日差分法原理

流体力学中采用随流观察的方法研究流体质点运动,称为拉格朗日法,它着眼于某一个流体质点,研究它的轨迹、速度、压力等。固体力学借鉴拉格朗日法,将所研究区域网格的节点当作流体质点,用拉格朗日法研究网格节点的运动。该方法按时步采用动力松弛的方法求解,不需形成刚度矩阵和求解大型方程组,占用内存少,易于用微机处理较难的工程问题,特别适于求解非线性大变形问题。

6.2.1 应变率的计算

假定已知如图 6 - 1 所示的有限差分法网格中某个节点在某一个时刻的速度,根据高斯定理先求出单元的应变率,然后根据材料本构关系求出各单元的应力。

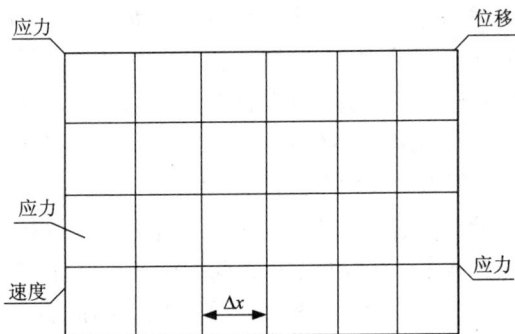

图 6 - 1 拉格朗日法差分网格

应变张量用增量形式表示为：

$$\Delta e_{ij} = \frac{1}{2}\left[\frac{\partial u_i}{\partial x_j} - \frac{\partial u_j}{\partial x_i}\right]\Delta t \tag{6-1}$$

式中：Δe_{ij} 为应变增量；u_i、u_j 为节点速度；x_i、x_j 为节点坐标；Δt 为时步。

为了提高解题精度，通常利用对角线将一个四边形分成四个三角形，并假设各个三角形是常应变，将四个三角形的应变的平均值作为四边形的应变。根据高斯定理，函数 f 满足：

$$\int_A \frac{\partial f}{\partial x_i}\mathrm{d}A = \int_S f n_i \mathrm{d}S \tag{6-2}$$

式中：A 为单元面积；S 为单元周长；n_i 为外法线的方向余弦。故：

$$\int_A \frac{\partial u}{\partial x_i}\mathrm{d}A = \int_S u n_i \mathrm{d}S \tag{6-3}$$

式中：n_i 的计算采用常应变三角单元计算，即将图 6-2(a) 所示四边形单元用对角线分为两个三角形单元，用图 6-2(b) 所示的三角形单元计算。

如图 6-2(b) 有：

$$\left.\begin{aligned} \Delta s &= \sqrt{\left[x_1^{(1)} - x_1^{(3)}\right]^2 - \left[x_2^{(1)} - x_2^{(3)}\right]^2} \\ n_i &= \left[(x_1^{(1)} - x_1^{(3)})/\Delta s, (x_2^{(1)} - x_2^{(3)})/\Delta s\right] \end{aligned}\right\} \tag{6-4}$$

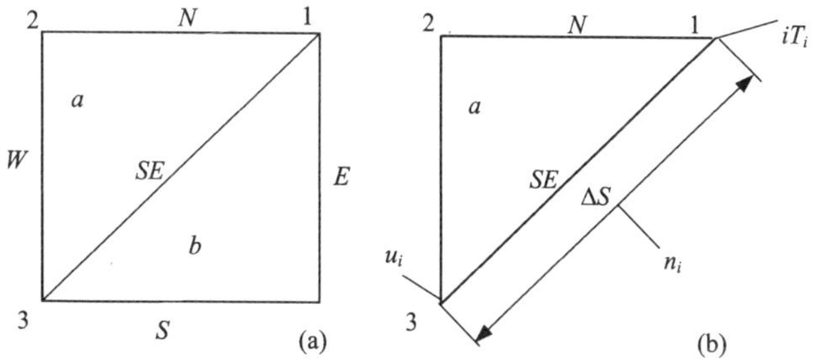

图 6-2 拉格朗日法的常应变三角形单元

因面积 A 为三角形边界，则 $\dfrac{\partial u_i}{\partial x_j}$ 在面积 A 中的平均值为：

$$\frac{\partial u_i}{\partial x_j} = \frac{1}{A}\sum u_i \varepsilon_{jk}\Delta x_k = \frac{1}{2}\frac{1}{A}\left[(u_i^{(1)} + u_i^{(2)})\varepsilon_{jk}\Delta x_k^{(N)} + (u_i^{(2)} + u_i^{(3)})\varepsilon_{jk}\Delta x_k^{(W)}\right.$$
$$\left. + (u_i^{(1)} + u_i^{(3)})\varepsilon_{jk}\Delta x_k^{(SE)}\right] \tag{6-5}$$

分量 $\dfrac{\partial u_1}{\partial x_1}$、$\dfrac{\partial u_2}{\partial x_1}$、$\dfrac{\partial u_1}{\partial x_2}$ 和 $\dfrac{\partial u_2}{\partial x_2}$ 的值可用式(6-6)展开：

$$\frac{\partial u_1}{\partial x_1} = \frac{1}{2}\frac{1}{A}\big[\,(u_1^{(1)} + u_1^{(2)})(x_2^{(2)} - x_2^{(1)}) + (u_1^{(2)} + u_1^{(3)})(x_2^{(3)} - x_2^{(2)})$$

$$+ (u_1^{(1)} + u_1^{(3)})(x_2^{(1)} - x_2^{(3)})\,\big]$$

$$= \frac{1}{2}\frac{1}{A}\big[\,u_1^{(1)}(x_2^{(2)} - x_2^{(3)}) + u_1^{(2)}(x_2^{(3)} - x_2^{(1)}) + u_1^{(3)}(x_2^{(1)} - x_2^{(2)})\,\big]$$

$$(6-6)$$

将这些值代入式(6-1)可得应变增量,由材料的本构关系求得应力增量:

$$\Delta\sigma_{ij} = f(\Delta e_{ij},\ \sigma_{ij},\ \cdots) \qquad\qquad (6-7)$$

6.2.2 不平衡力的计算

求作用在图 6-3 中节点 O 上的不平衡力时,可以沿节点 O 周边的单元沿应力围线积分求出。

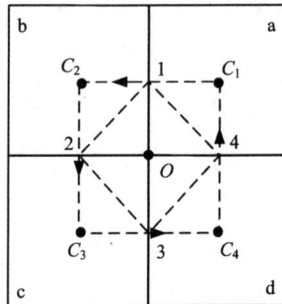

图 6-3 求和的封闭轮廓线

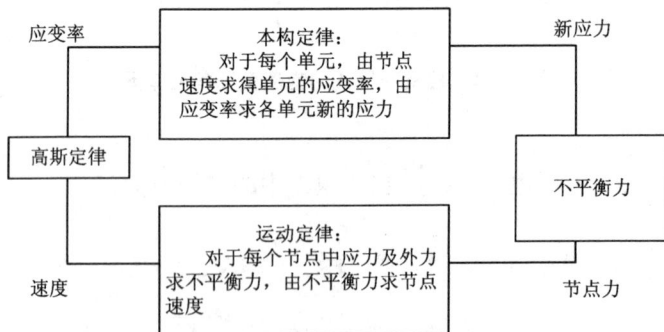

图 6-4 拉格朗日法的基本循环

图中四个单元 a、b、c、d 的中心分别为 C_1、C_2、C_3 和 C_4，相邻单元临边的中点分别为 1、2、3 和 4，假定四个单元中心点 C_1、C_2、C_3 和 C_4 围线内的质量集中于 O 节点上。采用的常应变单元求出作用在 O 节点上的不平衡力，因为应力也是常应力，与相邻单元临边中点 1、2 、3 和 4 围线内一致，故不平衡力 F_i 为：

$$F_i = \left[\sigma_{ij}^{a} \varepsilon_{jk} (x_k^{(1)} - x_k^{(4)}) + \sigma_{ij}^{b} \varepsilon_{jk} (x_k^{(2)} - x_k^{(1)}) \right.$$
$$\left. + \sigma_{ij}^{c} \varepsilon_{jk} (x_k^{(3)} - x_k^{(2)}) + \sigma_{ij}^{d} \varepsilon_{jk} (x_k^{(4)} - x_k^{(3)}) \right] \tag{6-8}$$

求得在时步 t 和 $t + \Delta t$ 时各节点的不平衡力，节点在 $t + \Delta t$ 的加速度为：

$$u^{(t+\Delta t/2)} = u^{(t-\Delta t/2)} + \frac{F_i^{(t)}}{m} \Delta t \tag{6-9}$$

依据时步 t 进行下一轮的循环计算，直到结果收敛，如果问题本身不收敛时，比如塑性流动，则塑性流动过程可以被跟踪。

6.2.3　时步确定及求解的稳定性

在显式有限差分解法求解中处于稳定状态的条件是当前选择的时步比某一临界时步小，计算速度大于信息传播的最大速度。程序分析目的是求给出问题的静力解。在节点运动方程中，收敛速度的优化靠调节节点质量来实现。当所有节点的反应周期相等时，临界时步的各局部值相等，达到了最佳收敛状态。

设三角形单元的面积为 A，最小传播距离为 $A/\Delta x_{max}$，信息传播的最大速度为 C_p，C_p 近似为 p 波的波速：

$$C_p = \sqrt{\frac{K + 4G/3}{\rho}} \tag{6-10}$$

式中：G，K 分别为剪切模量和体积模量。

最小传播距离为：

$$\Delta x_{max} = \frac{A}{C_p \Delta t} \tag{6-11}$$

通常将时步设为 1，安全系数设为 0.5，以此调节节点质量而得到优化值。将 $\Delta t = 1$ 和式（6-10）代入式（6-11）得到：

$$\rho = \frac{(K + 4G/3) \Delta x_{max}^2}{A^2} \tag{6-12}$$

三角形的质量 $m_z = \rho A$，故 $m_z = \dfrac{(K + 4G/3) \Delta x_{max}^2}{A}$，均分到三角形网格点上的节点质量为 $m_z/3$。相连三角形的网格点质量之和相加即为每个 FLAC 网格点的节点质量。若两组三角形单元重叠，则每个网格点的节点质量为：

$$m_z = \frac{(K + 4G/3) \Delta x_{max}^2}{6A} \tag{6-13}$$

单一质量弹簧单元体的稳定条件是：

$$\Delta t < 2\sqrt{\frac{m}{k}} \qquad (6-14)$$

式中：k 为单元体刚度；m 为单元体等效质量。

根据式(6-14)求出单元体的等效质量后代入式(6-13)，可求出结构单元的局部临界时步。

6.3 土工模型

岩土弹塑性本构模型源于塑性理论，其本构模型满足三个基本条件：屈服面；塑性应变方向的流动规则；指明屈服条件因塑性应变而发生变化的硬化定律。

岩土塑性变形开始阶段由屈服准则控制，在主应力空间中为屈服面，屈服面内各点应力变化为弹性变形。当岩土的应力有向屈服面外变化时，弹性变形与塑性屈服可同时出现。在应变硬化过程中，屈服面随土的应力水平持续增加而扩大，屈服面与破坏面重合时达到破坏条件。具有完全塑性材料的屈服面就是破坏面。岩土在应变软化时，破坏后的屈服面在持续缩小，最后与残余破坏面重合。

假定用各向同性的破坏准则控制岩土的破坏面，则轴的旋转不会影响屈服，可用应力不变量(I_1, I_2, I_3)或偏应力不变量(I_1', I_2', I_3')或两者的函数来描述土的破坏准则，即：

$$f^*(I_1, I_2, I_3, k_f) = 0 \qquad (6-15a)$$

或

$$f^*(I_1', I_2', I_3', k_f) = 0 \qquad (6-15b)$$

或

$$f^*(\sigma_1, \sigma_2, \sigma_3, k_f) = 0 \qquad (6-15c)$$

式中：k_f 为破坏参数；I_1, I_2, I_3 为应力不变量，按下式求解：

$$\left.\begin{aligned}
I_1 &= \sigma_1 + \sigma_2 + \sigma_3 = 3p = 3\sigma_m = 3\sigma_{oct} \\
I_2 &= -(\sigma_1\sigma_2 + \sigma_2\sigma_3 + \sigma_1\sigma_3) = -3\sigma_{oct}^2 + 1.5\tau_{oct}^2 \\
I_3 &= \sigma_1\sigma_2\sigma_3 = \sigma_{oct}^3 - 1.5\sigma_{oct}\tau_{oct}^2 - \frac{1}{\sqrt{2}}\tau_{oct}^3\sin 3\theta_\sigma
\end{aligned}\right\} \qquad (6-16)$$

式中：σ_m 为平均正应力；σ_{oct} 为八面体正应力；τ_{oct} 为八面体剪应力。

I_1', I_2', I_3' 为偏应力不变量，按下式求解：

$$\left.\begin{aligned}
I_1' &= 0 \\
I_2' &= -(\sigma_1'\sigma_2' + \sigma_2'\sigma_3' + \sigma_3'\sigma_1') = 1.5\tau_{oct}^2 = \left(\frac{1}{3}I_1^2 + I_2\right) = 0.5\sigma_{ii}'\sigma_{jj}' \\
I_3' &= \sigma_1'\sigma_2'\sigma_3' = -\frac{1}{\sqrt{2}}\tau_{oct}^3\sin 3\theta_\sigma
\end{aligned}\right\} \qquad (6-17)$$

式中：σ_1、σ_2、σ_3 分别为第一、第二和第三主应力；$\theta_\sigma = \tan^{-1}\left(-\dfrac{1}{\sqrt{3}}\mu_\sigma\right)$ 为洛德应力角。洛德应力 μ_σ 按下式求解：

$$\mu_\sigma = \frac{2\sigma_2 - \sigma_1 - \sigma_3}{\sigma_3 - \sigma_1} = 1 - 2\frac{\sigma_2 - \sigma_3}{\sigma_1 - \sigma_3} = 1 - 2\beta$$

屈服准则采用岩土工程中应用最为广泛的 Mohr-Coulomb 屈服准则，包含剪切和拉伸两个准则，土在破坏时抗剪强度就是破坏面上的最大剪应力值或极限值，其抗剪强度采用式(6-18)计算，当 $\tau = \tau_f$ 时，土体达到极限平衡条件。

$$\tau_f = c + \sigma_f \tan\varphi \qquad (6-18)$$

式中：τ_f、c、σ_f 和 φ 分别为土的抗剪强度、黏聚力、破坏面法向应力和摩擦角。

破坏包络线 $f(\sigma_1, \sigma_3) = 0$，从 A 到 B 由剪切破坏准则 $f^s = 0$ 定义：

$$f^s = \sigma_1 - \sigma_3 N_\varphi + 2c\sqrt{N_\varphi} \qquad (6-19)$$

从 B 到 C 由拉伸破坏准则 $f_t = 0$ 定义：

$$f_t = \sigma_3 - \sigma^t \qquad (6-20)$$

式中：σ^t 为抗拉强度；$N_\varphi = \dfrac{1 + \sin(\varphi)}{1 - \sin(\varphi)}$。

用隐函数 g^s 和 g^t 表征材料的剪切和拉伸塑性流动规律，其中函数 g^s 对应非关联流动法则，其形式为：

$$g^s = \sigma_1 - \sigma_3 N_\psi \qquad (6-21)$$

式中：$N_\psi = \dfrac{1 + \sin\psi}{1 - \sin\psi}$；$\psi$ 为膨胀角。

函数 g^t 为相关联的流动法则，其形式为：

$$g^t = -\sigma_3 \qquad (6-22)$$

当土体单元应力状态处于稳定区域时，呈弹性状态，不需要进行塑性修正，而进入屈服区域时，根据关联(非关联)流动法则，需进行应力修正，使其回到屈服面上。

6.4　车站主体施工数值分析

6.4.1　数值模型

根据沈阳地铁 2 号线的建设进度，对新乐遗址车站施工方案做了调整。原计划地铁区间和车站的建设是先站后区间，为降低施工风险，车站中板采用逆筑法施工。由于车站建设进度发生调整，地铁区间和车站的建设是先区间后站厅建设，在车站主体结构尚未完工的情况下，盾构已经过站。由于站厅层隧道管片需要拆除,如果先做好中板,拆除管片比较麻烦,作业困难,且成本非常高,中板必须先在站厅层拆除管片,待车站底板施工完后再施工中板。因拱圈缺乏中板的支撑,站厅下层土方开挖风险大增。

管幕预筑法建造地下空间施工工序较为复杂,采用 FLAC 进行主体结构内土方开挖数值模拟。车站主体结构施工完成后的状态作为建模初始状态,建模过程未考虑钢管切割后结构外围土体加固以及钢壳的影响。取上部覆土 10 m 计算,路面荷载为 20 kN/m²,施工荷载为 10 kN/m²。为了研究拱壳的空间效应,根据施工工序建立数值模型,如图 6-5 所示,模型长度(y 轴)为 60 m,宽度(x 轴)为 130 m,高度(z 轴)为 48.2 m。土体用摩尔库伦模型模拟,钢管幕换算成钢筋混凝土结构,钢筋混凝土采用线弹性模型模拟,混凝土强度等级为 C35。钢混弹性模量取等效弹性模量。土体弹性模量取勘察报告提供的压缩模量的 3 倍。开挖是在主体结构做好之后进行。

开挖过程模拟简化后,两层土方开挖共进行了 12 步模拟。

第一层土方开挖:中板以上土体分段开挖并贯通,土方从一端开始,每段开挖长度为 10 m,共 6 步。考虑实际施工的安全性较大和模拟的方便,站厅上层土方开挖没有分台阶开挖。

第二层土方开挖:中板以下土体分段开挖,土方从一端开始,每段开挖长度为 10 m,前面开挖段施作底板,共模拟了 6 步。同样,站厅层土方开挖也没有进行分台阶开挖。

计算模型如图 6-5 和图 6-6 所示,图 6-5 所示为模型全图,底面约束条件为竖向位移为零,4 个侧面水平位移为零,图 6-6 所示为 1/2 数值模型图。

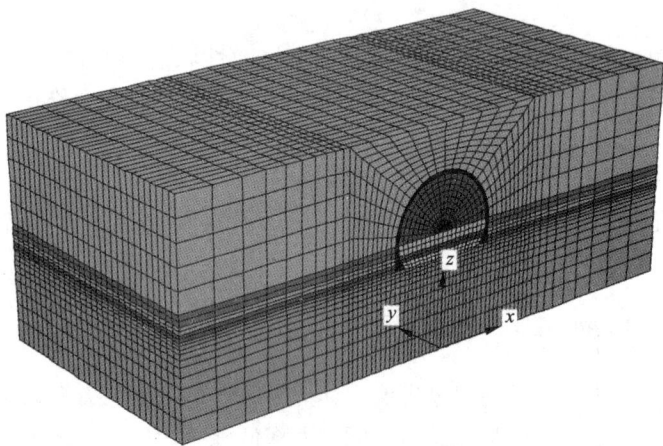

图 6-5　数值模型全图

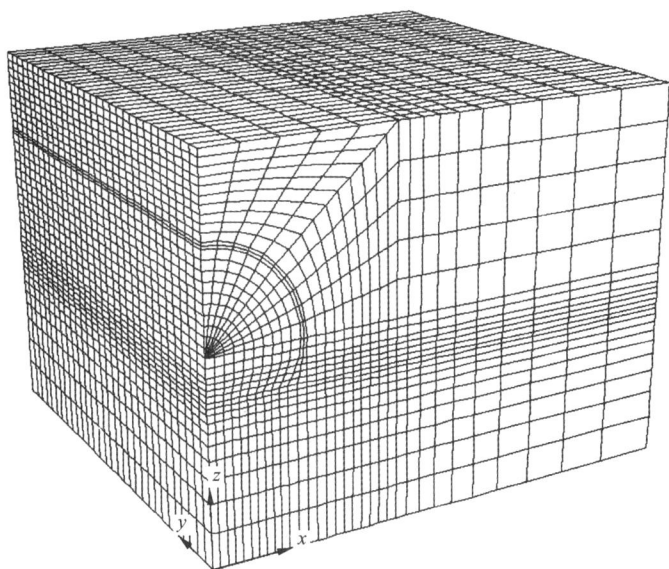

图 6 - 6　1/2 数值模型图

　　竖向初始应力云图和初始位移云图如图 6 - 7 和图 6 - 8 所示,由初始地应力应力和初始位移云图可以知道,采用 FLAC^{3D} 自带的网格划分工具划分的单元还是比较合理的。

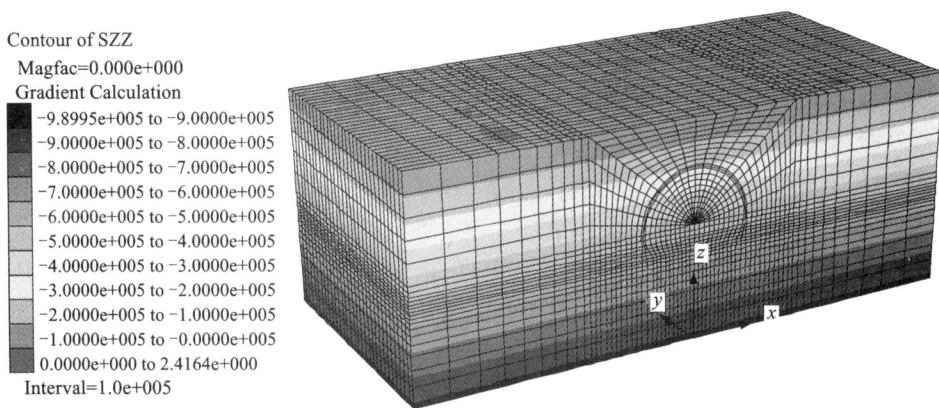

Contour of SZZ
Magfac=0.000e+000
Gradient Calculation
　-9.8995e+005 to -9.0000e+005
　-9.0000e+005 to -8.0000e+005
　-8.0000e+005 to -7.0000e+005
　-7.0000e+005 to -6.0000e+005
　-6.0000e+005 to -5.0000e+005
　-5.0000e+005 to -4.0000e+005
　-4.0000e+005 to -3.0000e+005
　-3.0000e+005 to -2.0000e+005
　-2.0000e+005 to -1.0000e+005
　-1.0000e+005 to -0.0000e+005
　0.0000e+000 to 2.4164e+000
Interval=1.0e+005

图 6 - 7　竖向初始应力云图

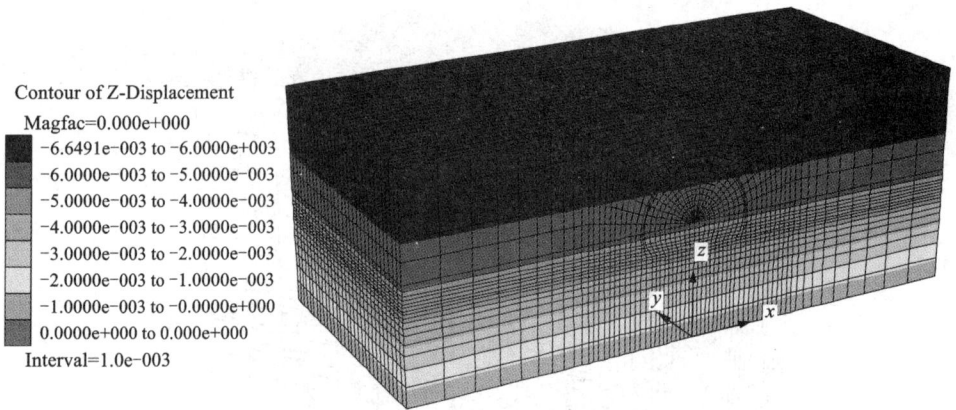

图 6 - 8　竖向初始位移云图

6.4.2　站厅层土方开挖模拟

1. 第一步开挖

(1)竖向位移和应力云图。

图 6 - 9 所示为第一步开挖时的竖向(z 轴方向)位移和应力云图,由图 6 - 9(a)可知,竖向最大沉降在洞口拱顶及洞口拱顶地表处,约为 2.2 mm,竖向最大回弹在洞口底部处,约为 1 mm。按照传统的深埋隧道和浅埋隧道的划定来看,本地铁车站为超大断面超浅埋隧道,但从图 6 - 9(a)可以看出隧道顶部围岩变形范围表现为深埋隧道的塌落拱形式,管幕预筑的隧道永久衬砌结构起到了很好的作用,与传统的深埋隧道与浅埋隧道的判定依据不同。据此可以判定,管幕预筑法衬砌结构计算时,采用传统的浅埋隧道围岩压力计算方法值得商榷。管幕预筑永久结构对围岩的约束作用,大幅提高了围岩的自稳能力,作用于预筑衬砌上的围岩压力也较浅埋隧道的围岩压力小。

由图 6 - 9(b)可知,隧道洞口顶部竖向应力云图向下弯曲,表明隧道衬砌底部下沉,该处围岩压力得到部分释放而降低。

(2)横向水平位移和应力云图。

图 6 - 10 所示为横向(x 轴方向)水平位移和应力云图,从图 6 - 10(a)所示位移云图可知,地表横向最大位移在衬砌拱脚顶部上方处,最大横向水平位移为 0.1 mm,从拱脚底部开始竖向纵向面区域,有向隧道轴向方向的位移趋势,但其值较小,也没有浅埋隧道开挖时的横向水平位移特征。从图 6 - 10(b)中可以知道,隧道顶部围岩竖向位移图横向受到挤压而较远端小。

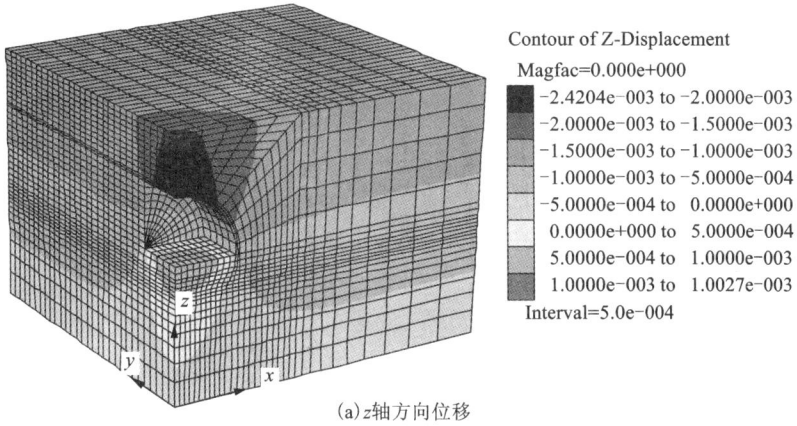

Contour of Z-Displacement
Magfac=0.000e+000

-2.4204e-003 to -2.0000e-003
-2.0000e-003 to -1.5000e-003
-1.5000e-003 to -1.0000e-003
-1.0000e-003 to -5.0000e-004
-5.0000e-004 to 0.0000e+000
 0.0000e+000 to 5.0000e-004
 5.0000e-004 to 1.0000e-003
 1.0000e-003 to 1.0027e-003

Interval=5.0e-004

(a)z轴方向位移

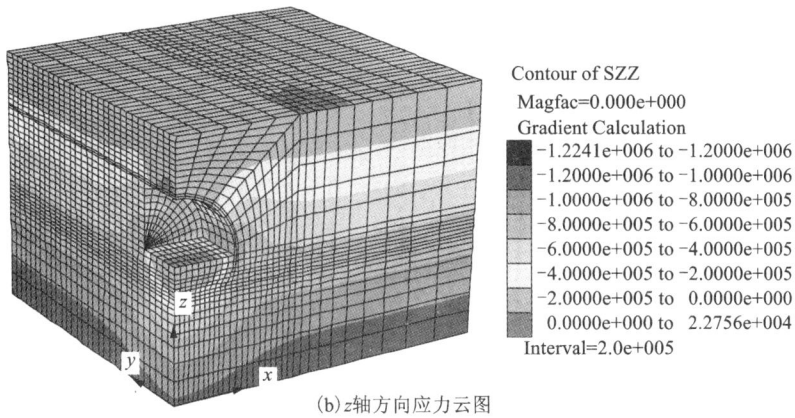

Contour of SZZ
Magfac=0.000e+000
Gradient Calculation

-1.2241e+006 to -1.2000e+006
-1.2000e+006 to -1.0000e+006
-1.0000e+006 to -8.0000e+005
-8.0000e+005 to -6.0000e+005
-6.0000e+005 to -4.0000e+005
-4.0000e+005 to -2.0000e+005
-2.0000e+005 to 0.0000e+000
 0.0000e+000 to 2.2756e+004

Interval=2.0e+005

(b)z轴方向应力云图

图 6-9　第一步开挖时的 z 轴方向位移与应力云图

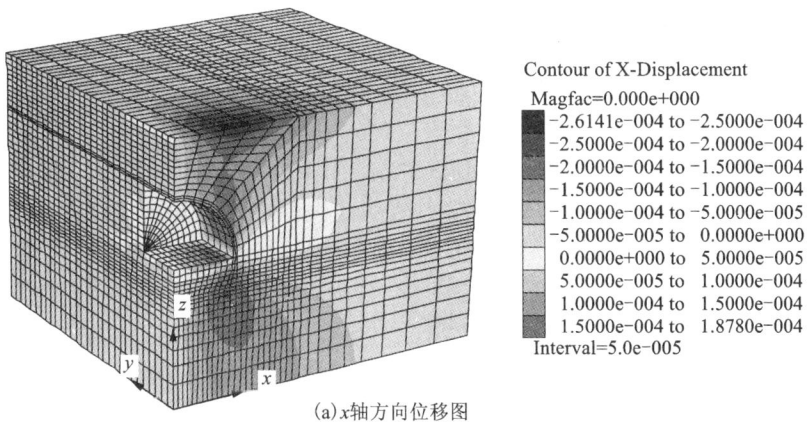

Contour of X-Displacement
Magfac=0.000e+000

-2.6141e-004 to -2.5000e-004
-2.5000e-004 to -2.0000e-004
-2.0000e-004 to -1.5000e-004
-1.5000e-004 to -1.0000e-004
-1.0000e-004 to -5.0000e-005
-5.0000e-005 to 0.0000e+000
 0.0000e+000 to 5.0000e-005
 5.0000e-005 to 1.0000e-004
 1.0000e-004 to 1.5000e-004
 1.5000e-004 to 1.8780e-004

Interval=5.0e-005

(a)x轴方向位移图

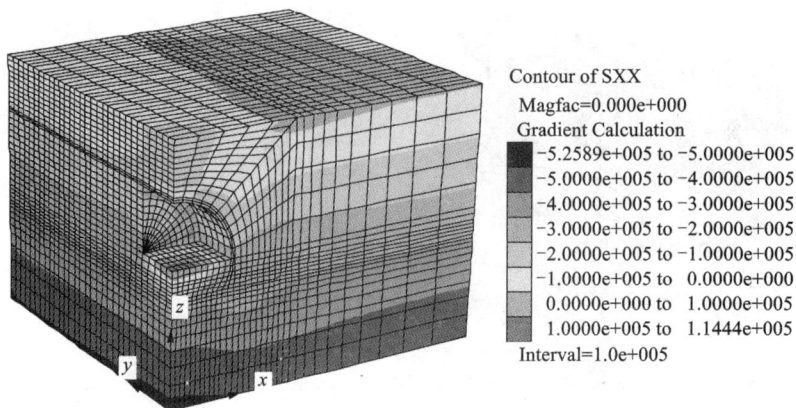

(b) x 轴方向应力云图

图 6 – 10　第一步开挖时的 x 轴方向位移与应力云图

（3）纵向水平位移和应力云图。

图 6 – 11 所示为纵向水平（y 轴方向）位移和应力云图，由图 6 – 11（a）可知，纵向位移最大处在隧道掌子面处，掌子面纵向位移云图受到预筑衬砌结构的阻隔，预筑衬砌结构约束了其两侧的纵向位移。衬砌结构的变形引起其顶部围岩产生纵向位移，最大值在掌子面上方，图 6 – 11（b）所示为竖向应力与图 6 – 10（b）所示具有类似的特点。

（4）地表和地层横向沉降曲线。

图 6 – 12 所示为第一步开挖时开挖面、开挖面前方和洞口位置横断面的地表沉降曲线，三根沉降曲线比较接近，最大沉降量为 2 mm，最大沉降差约为 1 mm，表明预先做好的地下拱壳结构发挥了作用，对于地表沉降起到了很好的控制作用。

（5）地表和地层横向沉降曲线。

图 6 – 13 所示为洞口处地表和拱顶平面处横向沉降曲线。传统隧道施工方法引起的地层沉降是地表沉降量最大，离洞顶距离越近，沉降量越小。由图可知，拱顶处的沉降较地表沉降大，这与采用传统隧道施工方法引起的地层沉降规律相反。

（6）拱顶和地表纵向沉降曲线。

图 6 – 14 所示为第一步开挖时地表和拱顶沿隧道轴向沉降曲线，两条曲线走势基本相同，曲线间距在 0.4 mm 左右，表明地表和拱顶沉降差距并不大，因此对于采用管幕预筑法浅埋隧道施工时，从地表进行沉降监测具有代表性。从图 6 – 14 中还可以看出，在开挖面处（10 m）两条曲线出现交叉，在掌子面前方，拱顶沉降较地表沉降大，而在已经开挖段拱顶沉降较地表沉降小，与传统的隧道开挖时拱顶以上部分距离拱顶越远，沉降越小的规律相反，原因在于预先做好的地下结构发挥了作用。

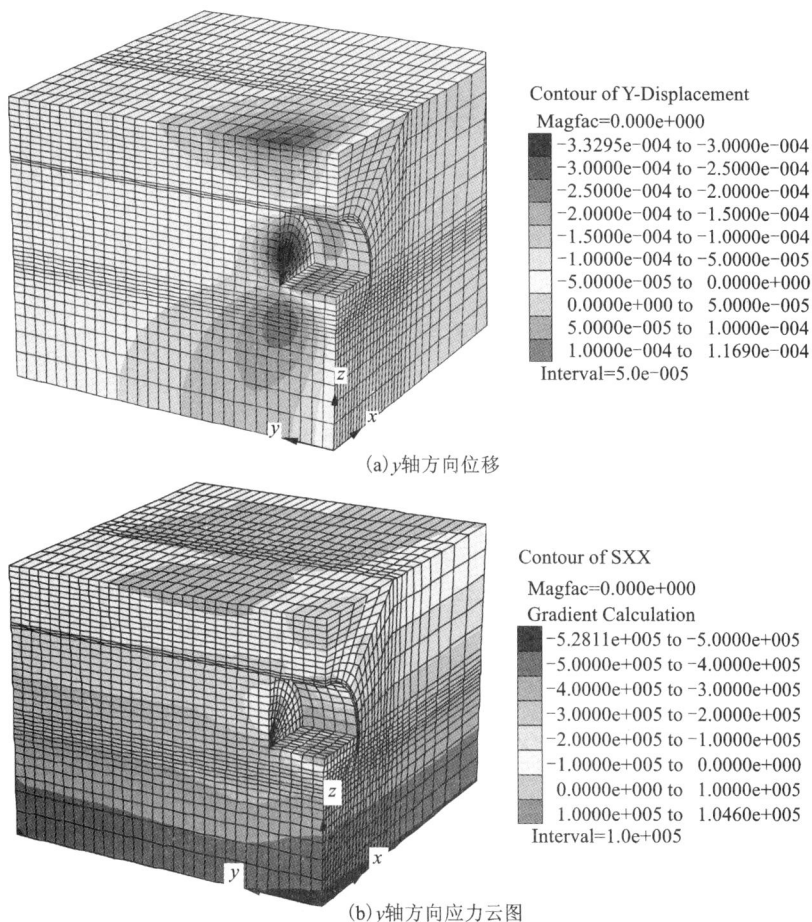

(a) y 轴方向位移

Contour of Y-Displacement
Magfac=0.000e+000

■ -3.3295e-004 to -3.0000e-004
■ -3.0000e-004 to -2.5000e-004
■ -2.5000e-004 to -2.0000e-004
■ -2.0000e-004 to -1.5000e-004
□ -1.5000e-004 to -1.0000e-004
□ -1.0000e-004 to -5.0000e-005
□ -5.0000e-005 to 0.0000e+000
□ 0.0000e+000 to 5.0000e-005
■ 5.0000e-005 to 1.0000e-004
■ 1.0000e-004 to 1.1690e-004
Interval=5.0e-005

(b) y 轴方向应力云图

Contour of SXX
Magfac=0.000e+000
Gradient Calculation

■ -5.2811e+005 to -5.0000e+005
■ -5.0000e+005 to -4.0000e+005
■ -4.0000e+005 to -3.0000e+005
□ -3.0000e+005 to -2.0000e+005
□ -2.0000e+005 to -1.0000e+005
□ -1.0000e+005 to 0.0000e+000
□ 0.0000e+000 to 1.0000e+005
■ 1.0000e+005 to 1.0460e+005
Interval=1.0e+005

图 6 - 11　第一步开挖时的 y 轴方向位移云图

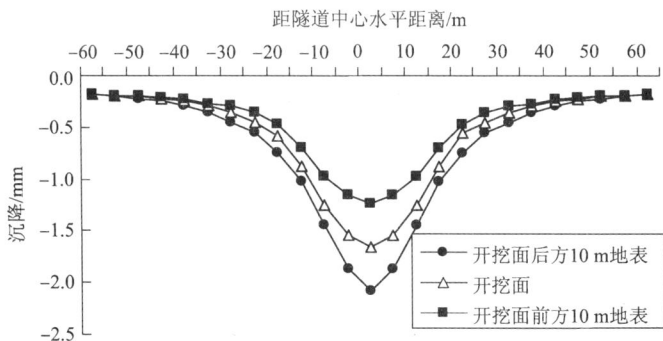

图 6 - 12　第一步开挖时开挖面、开挖面前方和洞口位置横断面的地表沉降曲线

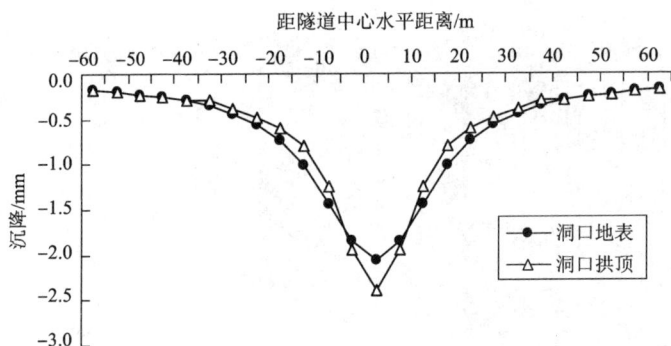

图 6 – 13　洞口处地表和拱顶平面处横向沉降曲线

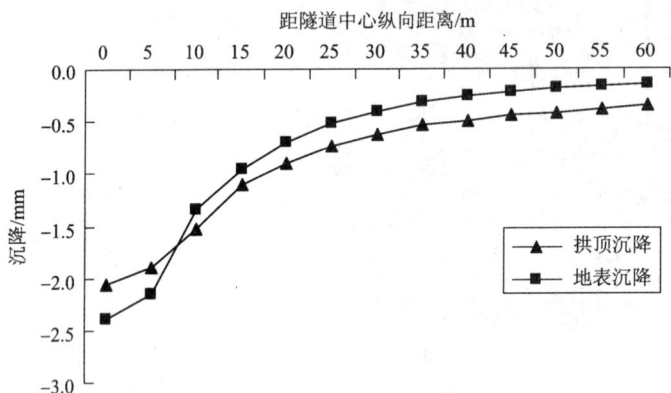

图 6 – 14　第一步开挖时地表和拱顶沿隧道轴向沉降曲线

2. 第五步开挖

（1）竖向位移和应力云图。

图 6 – 15 所示为第五步开挖时的竖向（z 轴方向）位移和应力云图，与图 6 – 9 变化趋势基本相同，但是空间效应更明显。洞口拱顶处最大沉降为 4 mm，洞口底部最大回弹量为 1 mm。管幕预筑地下结构在开挖过程中，贯通前具有明显的空间效应。

（2）横向水平位移和应力云图。

图 6 – 16 所示为第五步开挖时的横向水平（x 轴方向）位移和应力云图，图 6 – 16（a）与图 6 – 10（a）相比，云图层次更清晰，最大水平位移仍然在地表附近，

Contour of Z-Displacement

Magfac=0.000e+000

-4.0442e-003 to -4.0000e-003
-4.0000e-003 to -3.0000e-003
-3.0000e-003 to -2.0000e-003
-2.0000e-003 to -1.0000e-003
-1.0000e-003 to 0.0000e-000
 0.0000e+000 to 1.0000e-003
 1.0000e-003 to 1.4597e-003

Interval=1.0e-003

(a)z轴方向位移

Contour of SZZ

Magfac=0.000e+000
Gradient Calculation

-1.3684e+006 to -1.2000e+006
-1.2000e+006 to -1.0000e+006
-1.0000e+006 to -8.0000e+005
-8.0000e+005 to -6.0000e+005
-6.0000e+005 to -4.0000e+005
-4.0000e+005 to -2.0000e+005
-2.0000e+000 to 0.0000e+000
 0.0000e+005 to 2.2652e+004

Interval=2.0e+005

(b)z轴方向应力云图

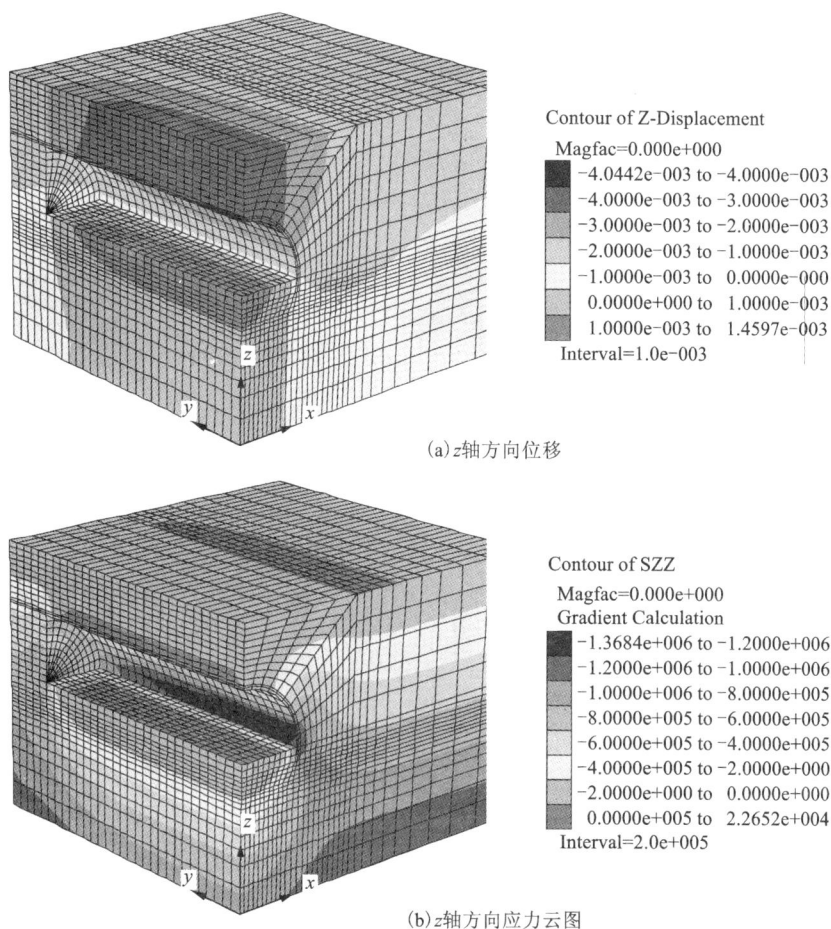

图 6-15　第五步开挖时的 z 轴方向向位移与应力云图

最大横向水平位移为 0.7 mm。从图 6-14(b)中可以知道,隧道顶部围岩在水平方向因受到挤压而稍远处出现拉应力。

(3)纵向位移和应力云图。

图 6-17 为纵向水平(y 轴方向)位移和应力云图,与图 6-11 具有类似的特点。

(4)地表横向沉降曲线。

图 6-18 为第五步开挖时的地表横向沉降曲线,第五步开挖面至第一步开挖面相距 40 m,相对图 6-12 中第一步施工沉降曲线,最大沉降量由 2 mm 增加到 4 mm,表明预筑衬砌结构在大开挖阶段期间具有空间效应。

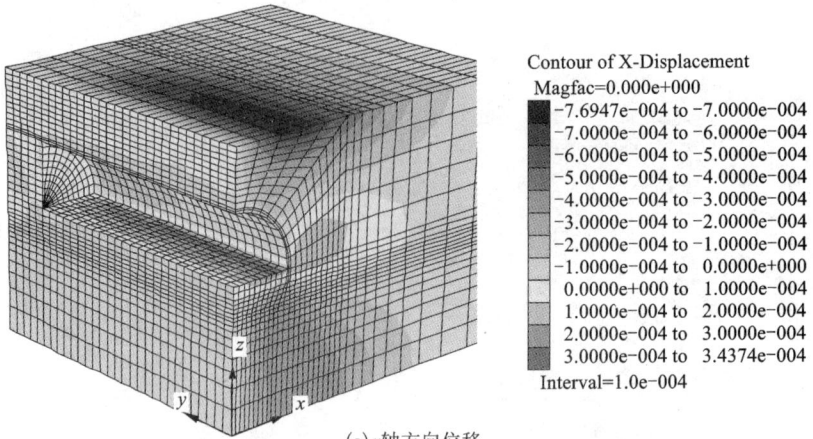

Contour of X-Displacement
Magfac=0.000e+000
-7.6947e-004 to -7.0000e-004
-7.0000e-004 to -6.0000e-004
-6.0000e-004 to -5.0000e-004
-5.0000e-004 to -4.0000e-004
-4.0000e-004 to -3.0000e-004
-3.0000e-004 to -2.0000e-004
-2.0000e-004 to -1.0000e-004
-1.0000e-004 to 0.0000e+000
0.0000e+000 to 1.0000e-004
1.0000e-004 to 2.0000e-004
2.0000e-004 to 3.0000e-004
3.0000e-004 to 3.4374e-004
Interval=1.0e-004

(a) x 轴方向位移

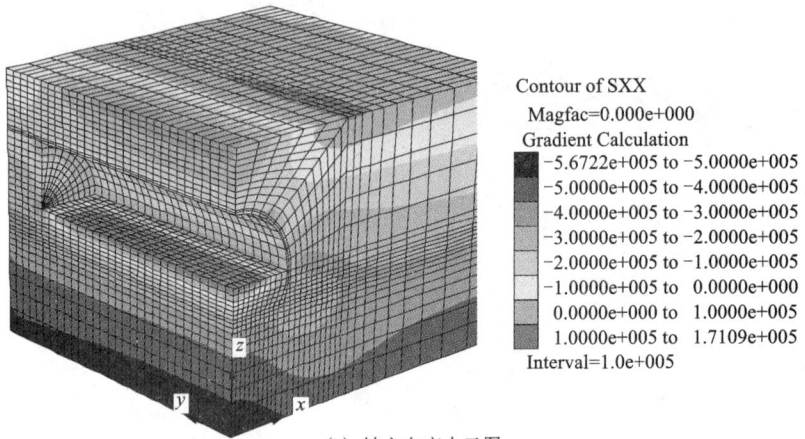

Contour of SXX
Magfac=0.000e+000
Gradient Calculation
-5.6722e+005 to -5.0000e+005
-5.0000e+005 to -4.0000e+005
-4.0000e+005 to -3.0000e+005
-3.0000e+005 to -2.0000e+005
-2.0000e+005 to -1.0000e+005
-1.0000e+005 to 0.0000e+000
0.0000e+000 to 1.0000e+005
1.0000e+005 to 1.7109e+005
Interval=1.0e+005

(b) x 轴方向应力云图

图 6 – 16　第五步开挖时 x 轴方向位移与应力云图

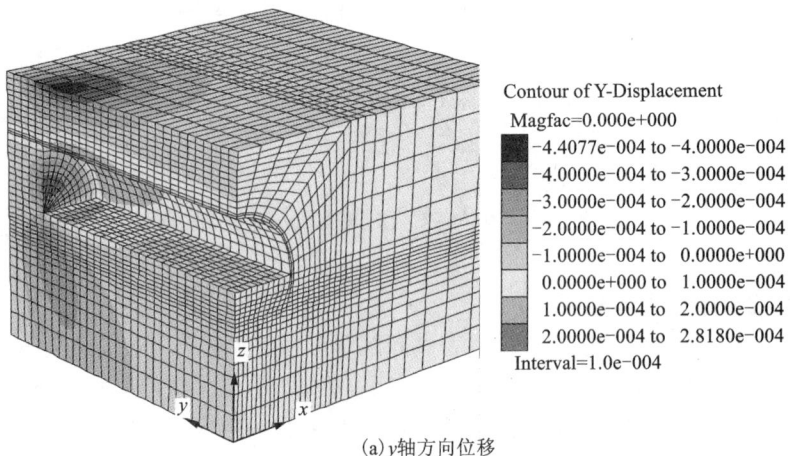

Contour of Y-Displacement
Magfac=0.000e+000
-4.4077e-004 to -4.0000e-004
-4.0000e-004 to -3.0000e-004
-3.0000e-004 to -2.0000e-004
-2.0000e-004 to -1.0000e-004
-1.0000e-004 to 0.0000e+000
0.0000e+000 to 1.0000e-004
1.0000e-004 to 2.0000e-004
2.0000e-004 to 2.8180e-004
Interval=1.0e-004

(a) y 轴方向位移

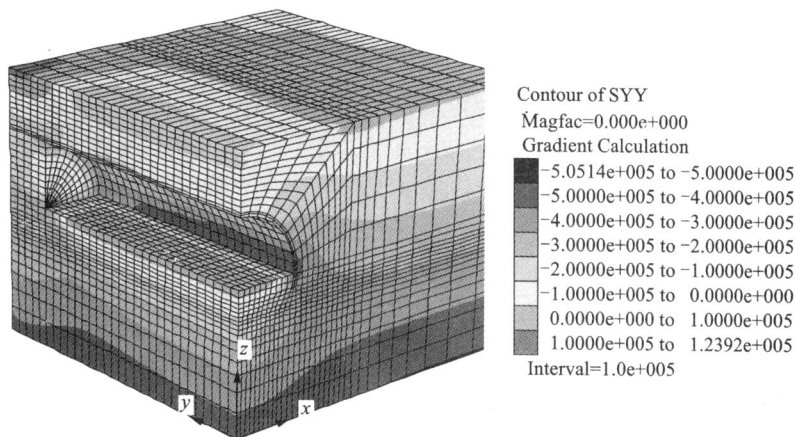

Contour of SYY
Magfac=0.000e+000
Gradient Calculation

-5.0514e+005	to -5.0000e+005
-5.0000e+005	to -4.0000e+005
-4.0000e+005	to -3.0000e+005
-3.0000e+005	to -2.0000e+005
-2.0000e+005	to -1.0000e+005
-1.0000e+005	to 0.0000e+000
0.0000e+000	to 1.0000e+005
1.0000e+005	to 1.2392e+005

Interval=1.0e+005

(b) y 轴方向应力云图

图 6-17　第五步开挖时的 y 轴方向位移与应力云图

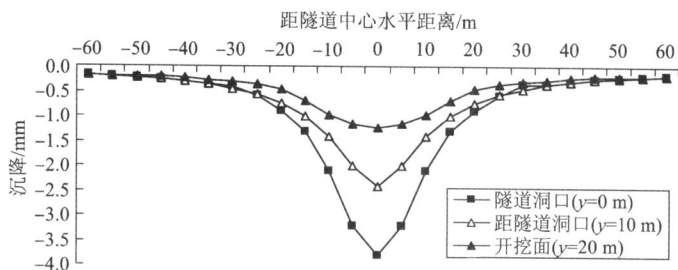

图 6-18　第五步开挖地表横向沉降曲线

（5）拱顶和地面纵向沉降曲线

图 6-19 为第五步开挖时的拱顶和地面纵向沉降曲线，相对图 6-14 中第一步纵向沉降曲线，两条沉降交点位置向掌子面附近前移。拱顶和地面最大沉降量均有少量增加，增量为 1~2 mm。

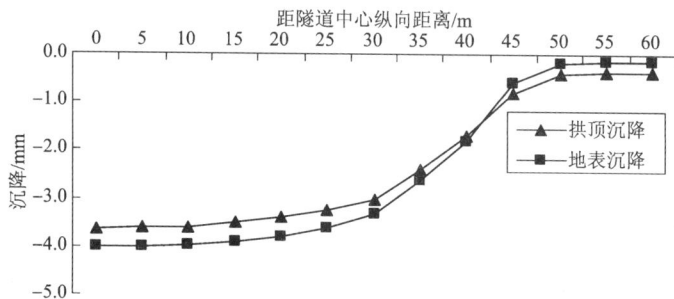

图 6-19　第五步开挖拱顶和地面纵向沉降曲线

3. 第六步开挖

图 6-20 为站厅层第六步全部贯通时的竖向(z轴方向)位移与应力云图,图 6-21 为站厅全部贯通时的横向水平(x轴方向)位移与应力云图,从这两个图中的竖向位移和应力云图可知,站厅贯通时,隧道开挖空间效应基本消失,表现为平面应变状态。管幕预筑永久结构在开挖阶段表现为空间状态,贯通时则表现为平面应力状态,在设计时需要考虑施工时的空间效应。

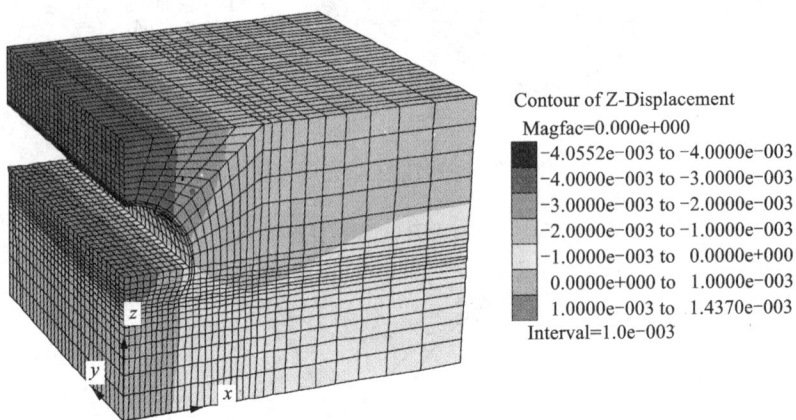

(a) z轴方向位移

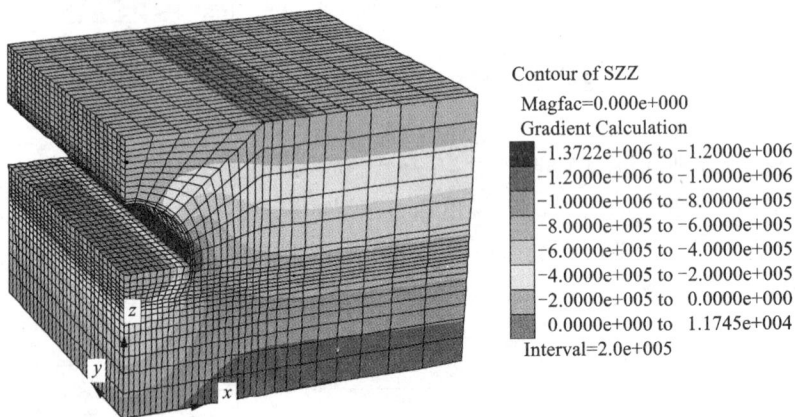

(b) z轴方向应力云图

图 6-20 第六步全部贯通时的 z 轴方向位移与应力云图

图 6-22 为站厅全部贯通时的纵向水平(y轴方向)位移与应力云图。图 6-22(a)说明,站厅层全部贯通时,受隧道两端约束边界影响,隧道纵向中部有相对下沉趋势,但是差值很小,仅为 3×10^{-7} m,可以忽略不计。图 6-22(b)

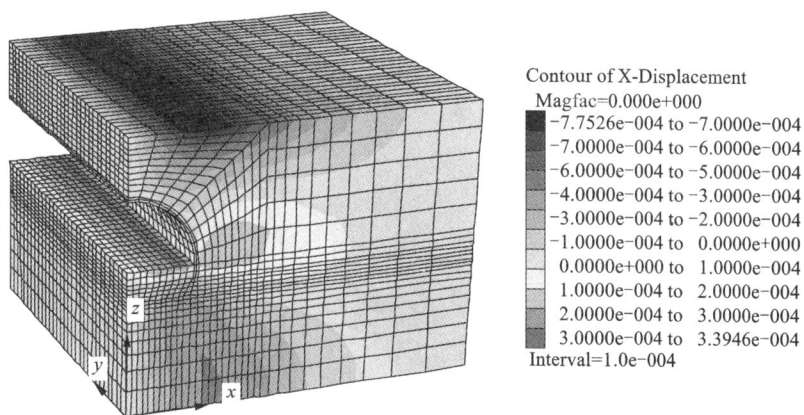

Contour of X-Displacement
Magfac=0.000e+000
-7.7526e-004 to -7.0000e-004
-7.0000e-004 to -6.0000e-004
-6.0000e-004 to -5.0000e-004
-4.0000e-004 to -3.0000e-004
-3.0000e-004 to -2.0000e-004
-1.0000e-004 to 0.0000e+000
0.0000e+000 to 1.0000e-004
1.0000e-004 to 2.0000e-004
2.0000e-004 to 3.0000e-004
3.0000e-004 to 3.3946e-004
Interval=1.0e-004

(a)x轴向位移

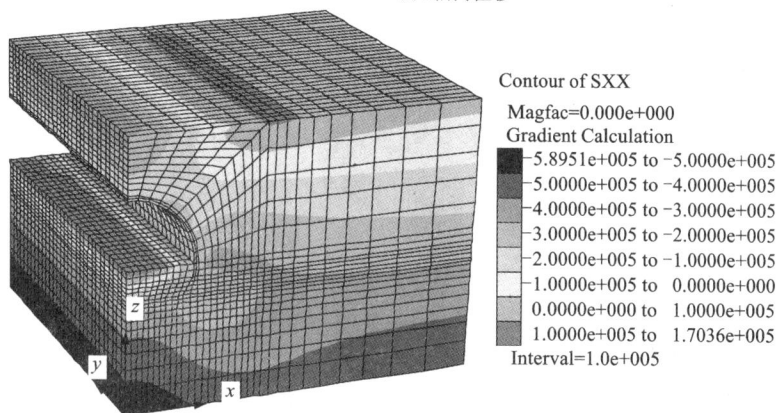

Contour of SXX
Magfac=0.000e+000
Gradient Calculation
-5.8951e+005 to -5.0000e+005
-5.0000e+005 to -4.0000e+005
-4.0000e+005 to -3.0000e+005
-3.0000e+005 to -2.0000e+005
-2.0000e+005 to -1.0000e+005
-1.0000e+005 to 0.0000e+000
0.0000e+000 to 1.0000e+005
1.0000e+005 to 1.7036e+005
Interval=1.0e+005

(b)x轴方向应力云图

图 6-21　第六步全部贯通时的 x 轴方向位移与应力云图

说各个断面在纵向的应力基本都相同，没有空间效应。

（4）地表横向沉降曲线

图 6-23 为隧道施工洞口地表横向沉降槽历时曲线，从第一步到第六步外站厅层贯通过程，洞口地表沉降变化主要在隧道跨度区域（跨度为 26.2 m），呈现整体塌落特征。

（5）拱顶和地面纵向沉降曲线

图 6-24 为站厅层贯通后拱顶和地表纵向沉降曲线，洞口地表沉降变化主要在隧道跨度区域（跨度为 26.2 m），呈现整体塌落特征。站厅层贯通后，地层沉降规律又与常规方法一致，离隧道洞顶越远沉降越大，拱顶和地表沉降差仅为 0.4 mm，纵向沉降基本呈水平走向，贯通后表现为平面应变状态。

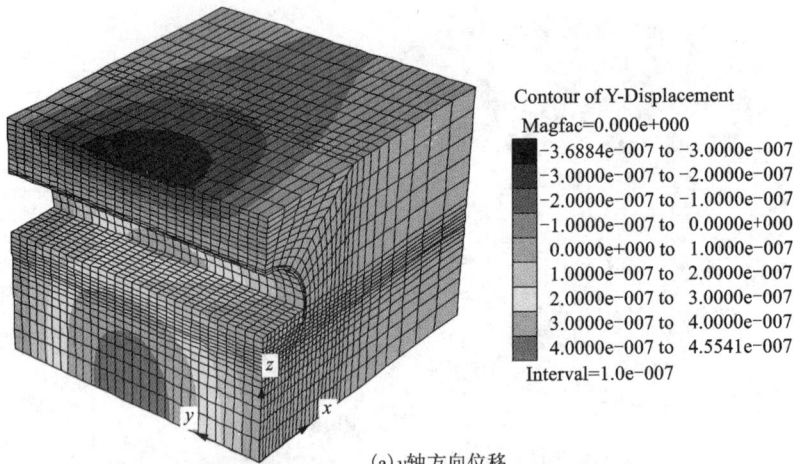

Contour of Y-Displacement
Magfac=0.000e+000

-3.6884e-007 to -3.0000e-007
-3.0000e-007 to -2.0000e-007
-2.0000e-007 to -1.0000e-007
-1.0000e-007 to 0.0000e+000
0.0000e+000 to 1.0000e-007
1.0000e-007 to 2.0000e-007
2.0000e-007 to 3.0000e-007
3.0000e-007 to 4.0000e-007
4.0000e-007 to 4.5541e-007

Interval=1.0e-007

(a)y轴方向位移

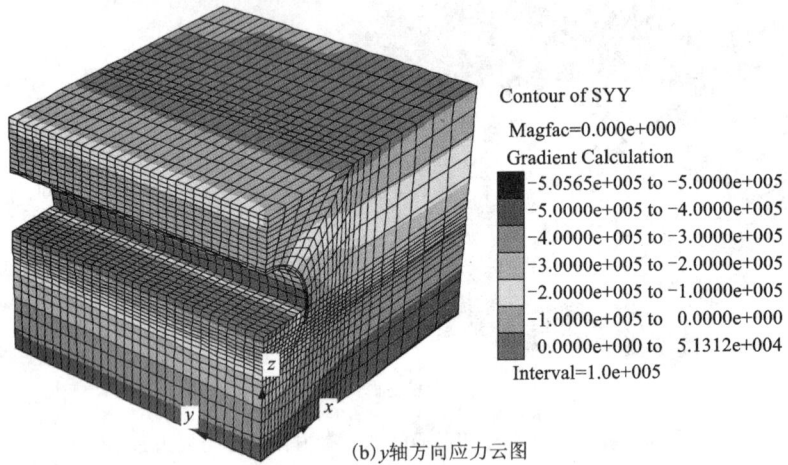

Contour of SYY
Magfac=0.000e+000
Gradient Calculation

-5.0565e+005 to -5.0000e+005
-5.0000e+005 to -4.0000e+005
-4.0000e+005 to -3.0000e+005
-3.0000e+005 to -2.0000e+005
-2.0000e+005 to -1.0000e+005
-1.0000e+005 to 0.0000e+000
0.0000e+000 to 5.1312e+004

Interval=1.0e+005

(b)y轴方向应力云图

图 6 – 22　第六步全部贯通时的 y 轴方向位移与应力云图

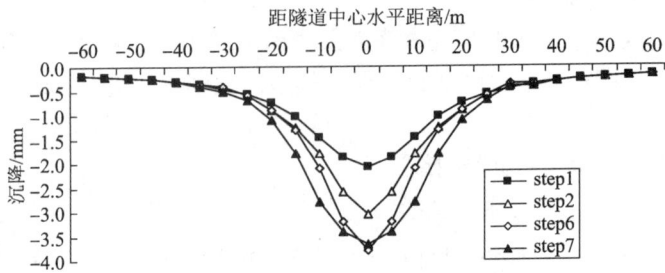

图 6 – 23　第六步洞口地表横向沉降历时曲线

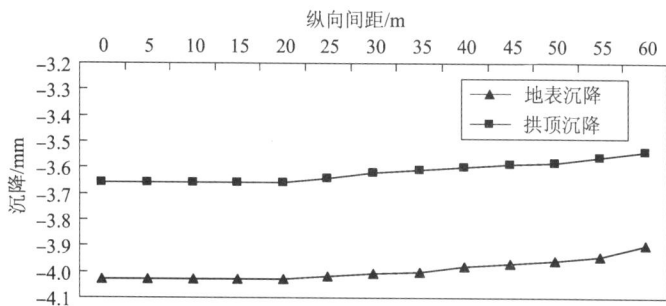

图 6 – 24　第六步拱顶和地面纵向沉降曲线

6.4.3　站台层土方开挖模拟

1. 第七步开挖

图 6 – 25 为站台层开挖的第一步、整个隧道开挖第七步时的竖向(z 轴方向)位移和应力云图。图 6 – 25(a)中最大沉降在洞口拱顶处,约为 4 mm,洞口地表沉降与第六步基本相当。图 6 – 25(b)中洞口预筑衬砌底部竖向应力相对第六步图 6 – 20(b)增加,衬砌将围岩压力向拱脚处传递。

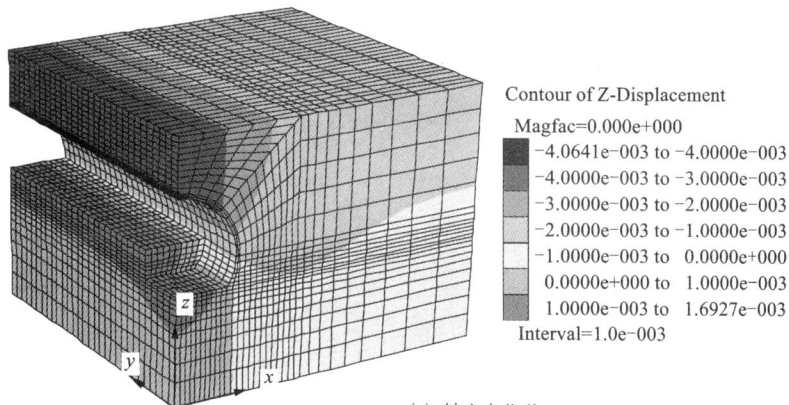

(a)z 轴方向位移

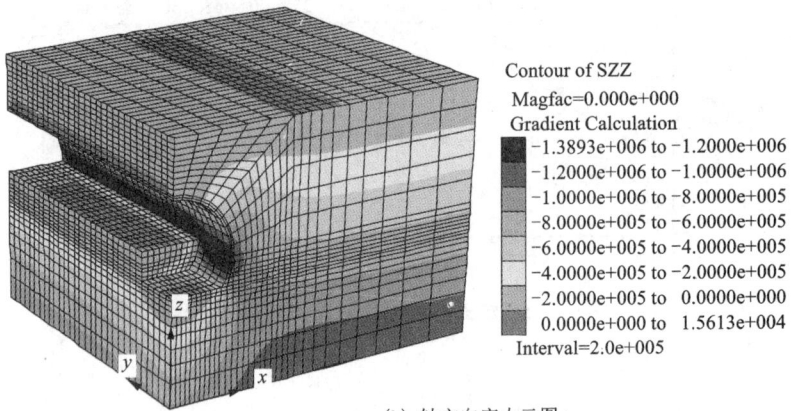

Contour of SZZ
Magfac=0.000e+000
Gradient Calculation
- -1.3893e+006 to -1.2000e+006
- -1.2000e+006 to -1.0000e+006
- -1.0000e+006 to -8.0000e+005
- -8.0000e+005 to -6.0000e+005
- -6.0000e+005 to -4.0000e+005
- -4.0000e+005 to -2.0000e+005
- -2.0000e+005 to 0.0000e+000
- 0.0000e+000 to 1.5613e+004
Interval=2.0e+005

(b)z轴方向应力云图

图 6 – 25　第七步开挖时的 z 轴方向位移与应力云图

图 6 – 26 为第七步开挖时水平位移云图，图 6 – 26(a)是横向水平向(x 轴方向)位移云图，隧道洞口处地面水平位移稍许增加，相对第六步仅有 0.1 mm 的差别。图 6 – 26(b)为纵向(y 轴方向)水平位移云图，在掌子面与预筑衬砌结构接触处，掌子面围岩出现了挤出效应。

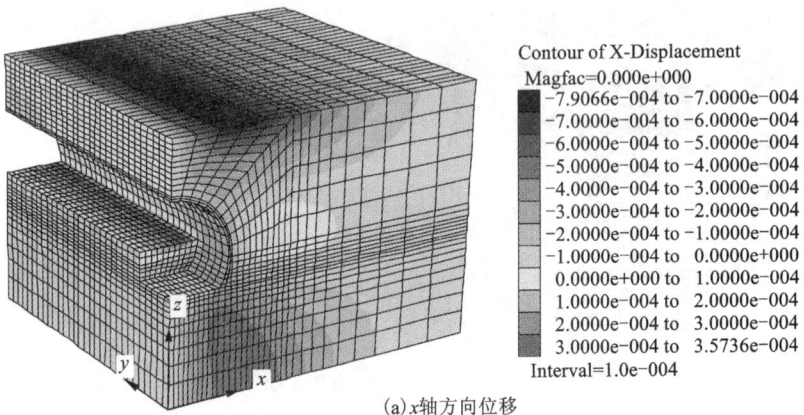

Contour of X-Displacement
Magfac=0.000e+000
- -7.9066e-004 to -7.0000e-004
- -7.0000e-004 to -6.0000e-004
- -6.0000e-004 to -5.0000e-004
- -5.0000e-004 to -4.0000e-004
- -4.0000e-004 to -3.0000e-004
- -3.0000e-004 to -2.0000e-004
- -2.0000e-004 to -1.0000e-004
- -1.0000e-004 to 0.0000e+000
- 0.0000e+000 to 1.0000e-004
- 1.0000e-004 to 2.0000e-004
- 2.0000e-004 to 3.0000e-004
- 3.0000e-004 to 3.5736e-004
Interval=1.0e-004

(a)x轴方向位移

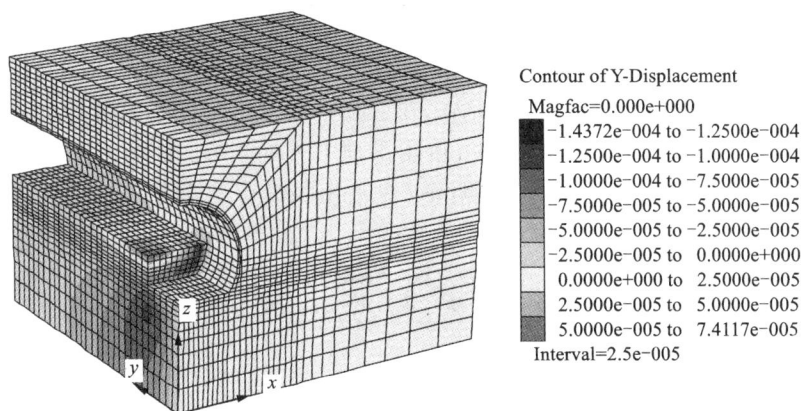

Contour of Y-Displacement
Magfac=0.000e+000

-1.4372e-004 to -1.2500e-004
-1.2500e-004 to -1.0000e-004
-1.0000e-004 to -7.5000e-005
-7.5000e-005 to -5.0000e-005
-5.0000e-005 to -2.5000e-005
-2.5000e-005 to 0.0000e+000
 0.0000e+000 to 2.5000e-005
 2.5000e-005 to 5.0000e-005
 5.0000e-005 to 7.4117e-005
Interval=2.5e-005

(b) y 轴方向应力云图

图 6 - 26　第七步开挖时的 y 轴方向水平位移云图

(1)地表横向沉降曲线。

图 6 - 27 中为第七步开挖地表横向沉降曲线,相对前面几步沉降曲线,沉降槽宽度有所增大,最大沉降基本没什么变化。在开挖面、开挖面前后方 3 条地表沉降曲线基本重合,表明该阶段土方开挖施工对地表沉降没影响,预先做好的地下拱壳结构发挥了作用。

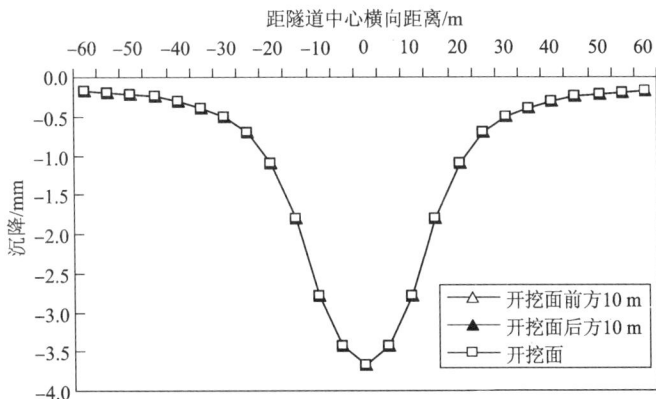

图 6 - 27　第七步地表横向沉降曲线

(2)拱顶和地面纵向沉降曲线。

图 6 - 28 为第七步开挖时拱顶和地表纵向沉降曲线,由图 6 - 28 可知,开挖站厅下层土方时,拱顶及地表没继续沉降,拱顶反而有向上变形的趋势。两条

曲线基本平行,曲线间距在 0.5 mm 左右。在隧道洞口拱顶沉降曲线向上弯曲,表明沉降有所回弹。拱顶沉降较地表沉降小,与传统的隧道开挖时拱顶以上部分距离拱顶越远,沉降越小的规律相反,并且在开挖面前方沉降曲线向上拱起,预先做好的地下拱壳结构拱跨比比较大,拱壳受到水平方向的荷载比较大,在水平荷载的作用下,拱顶向上产生位移,挤压拱顶上方的土方,使上方土体产生挤压变形,地表对拱顶挤土效应反应不明显,地表沉降没有继续增加。

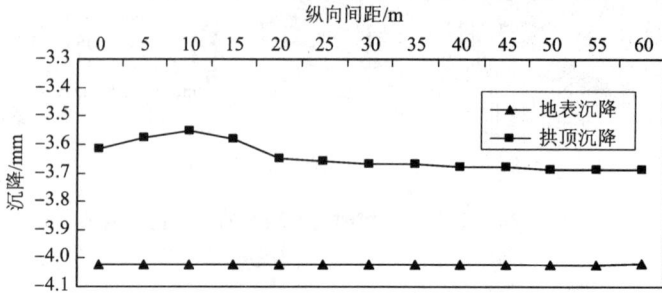

图 6-28　第七步开挖时拱顶和地表纵向沉降曲线

2. 第八步开挖

(1)位移云图。

图 6-29 为底板已经完成第一段后进行的第八步开挖时的竖向(z 轴方向)位移云图,从图中可知,施作的底板也产生了沉降,靠洞口处最大,达到 1 mm 左右,里边底板沉降较洞口小。洞口拱顶处沉降仍然与第六步和第七步相当,约为 4 mm。

图 6-30 为横向(x 轴方向)水平位移图,图 6-31 为纵向水平位移图,两图显示围岩水平位移很小,小于 1 mm,可以认为围岩产生了弹性变形。

(2)拱顶和地面纵向沉降曲线。

图 6-32 为第七步和第八步开挖时,地表和拱顶纵向沉降的对比曲线图,在这两步施工过程中,地表沉降基本维持原状,而拱顶沉降曲线弯曲部分向前推移了,说明在开挖过程中,预筑衬砌结构受到推力而使拱顶产生逆回弹,拱顶沉降有减小的过程。

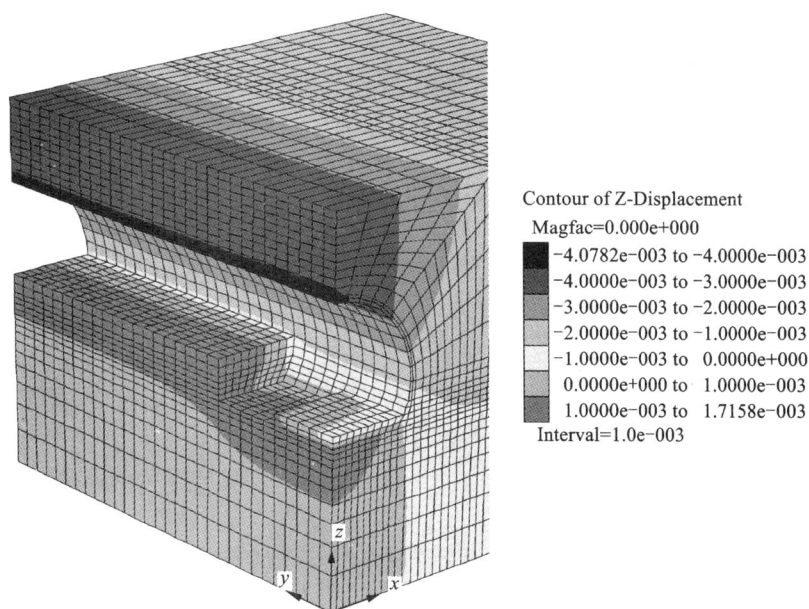

Contour of Z-Displacement
Magfac=0.000e+000
　　-4.0782e-003 to -4.0000e-003
　　-4.0000e-003 to -3.0000e-003
　　-3.0000e-003 to -2.0000e-003
　　-2.0000e-003 to -1.0000e-003
　　-1.0000e-003 to 0.0000e+000
　　 0.0000e+000 to 1.0000e-003
　　 1.0000e-003 to 1.7158e-003
Interval=1.0e-003

图 6 - 29　第八步开挖时的 z 轴方向位移云图

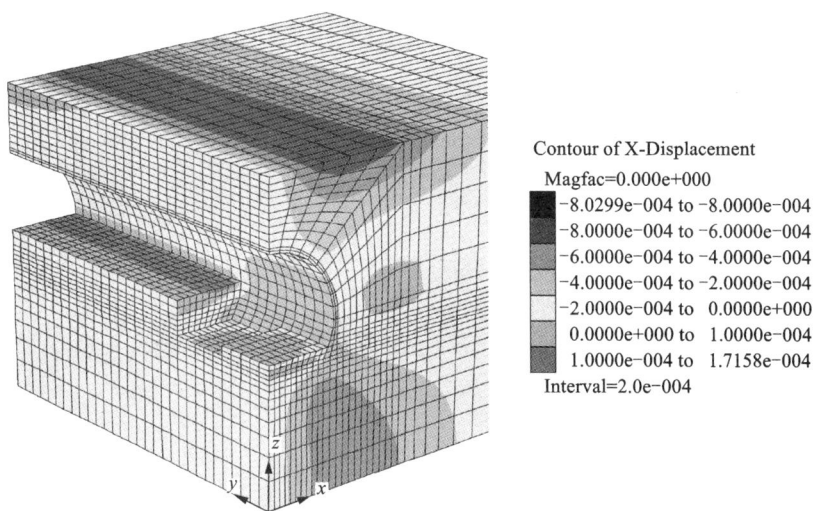

Contour of X-Displacement
Magfac=0.000e+000
　　-8.0299e-004 to -8.0000e-004
　　-8.0000e-004 to -6.0000e-004
　　-6.0000e-004 to -4.0000e-004
　　-4.0000e-004 to -2.0000e-004
　　-2.0000e-004 to 0.0000e+000
　　 0.0000e+000 to 1.0000e-004
　　 1.0000e-004 to 1.7158e-004
Interval=2.0e-004

图 6 - 30　第八步开挖时的 x 轴方向水平位移云图

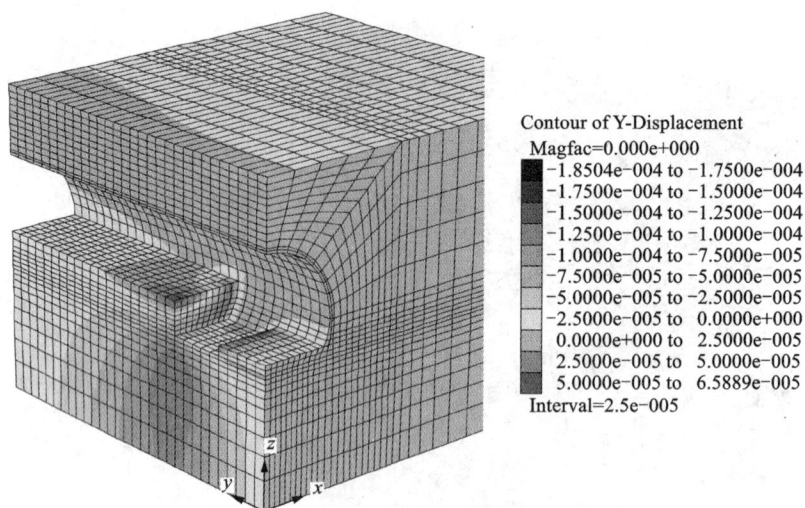

Contour of Y-Displacement
Magfac=0.000e+000

	-1.8504e-004 to -1.7500e-004
	-1.7500e-004 to -1.5000e-004
	-1.5000e-004 to -1.2500e-004
	-1.2500e-004 to -1.0000e-004
	-1.0000e-004 to -7.5000e-005
	-7.5000e-005 to -5.0000e-005
	-5.0000e-005 to -2.5000e-005
	-2.5000e-005 to 0.0000e+000
	0.0000e+000 to 2.5000e-005
	2.5000e-005 to 5.0000e-005
	5.0000e-005 to 6.5889e-005

Interval=2.5e-005

图 6 – 31   第八步开挖时的 y 轴方向位移云图

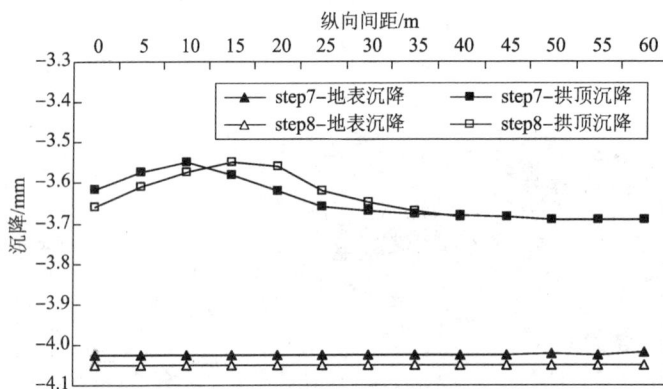

图 6 – 32   第八步开挖时的拱顶和地面纵向沉降曲线

6.5   小结

本章通过建立数值模型，对隧道内土方开挖过程进行研究，分析了管幕预筑法施工引起的地表沉降、拱顶沉降、净空收敛、围岩和衬砌结构的力学响应。研究表明：

（1）在开挖中板以下土方时，拱顶位移没有继续增加，却有向上回弹的趋势，车站拱壳高跨比大，拱壳受到的水平荷载较大，中下部拱有向车站内收敛的趋势，同时挤压拱顶，使拱顶向上产生位移，减小拱顶的总沉降。

（2）在管幕预筑拱壳的支护下，开挖下层土方时，因拱壳刚度较大，拱脚受到较大的约束，拱脚产生的位移微小，与计算模型假定条件吻合，即将拱脚端视为固定约束是合理的。

（3）拱壳中下部有向内收敛的趋势，拱壳中下部围岩亦有向车站内运动的趋势，此时拱壳底部受到的土压力为主动土压力，拱壳侧面水平荷载采用主动土压力进行计算比较合适。

（4）数值模拟过程中，土方开挖后，拱脚内侧采取是否施加水平分布荷载模拟支撑和仰拱的作用，结果表明，拱脚支撑施加与否，对拱顶沉降影响很小，施工中可以考虑增加站厅下层土方开挖段步长，减少施工工序和施工缝，缩短施工周期。

（5）拱壳结构和围岩的变形很小，都在弹性变形范围内，在车站土方开挖阶段可以考虑围岩的变形在弹性范围内。

第 7 章　管幕预筑地铁站现场试验

7.1　概述

7.1.1　试验目的

城市浅埋暗挖地铁车站施工常位于城市繁华交通要道之下，其施工安全和对环境的影响是非常受关注的。为了确保施工过程中不出现安全问题，并为施工提供指导，必须对暗挖地铁车站施工过程进行监测，也为设计和研究积累实测数据。

（1）通过深部位移监测，掌握钢管切割、车站主体结构施工以及土体开挖过程中车站外土体的水平位移的变化规律。

（2）对钢管管壁应力进行监测，掌握钢管管壁在钢管切割和车站土体开挖时的应力变化规律。

（3）对支撑钢管在钢管切割时的应力变化进行监测，保证钢管切割施工安全，也为钢管切割时支撑钢管应力分析提供数据。

（4）通过车站主体结构应力监测，能够掌握结构在土体开挖时的应力变化，为建模分析提供数据参考。

7.1.2　隧道施工现场试验的意义

管幕预筑法首次在国内应用，且为超大断面浅埋暗挖隧道，理论研究和施工经验非常欠缺，为确保施工安全和工程顺利进行，工程试验意义明显。

为了研究管幕预筑法建造地下空间技术，沿用浅埋暗挖法的基本原理，建立量测信息反馈设计和施工程序，对国内首个采用管幕预筑隧道工程进行现场试验研究是非常必要的，可以为管幕预筑法顺利施工提供指导与帮助，也可为该工法的研究和设计积累第一手资料，形成适合我国地层特点和国情的地下工程建造技术。

7.2　现场试验方案

7.2.1　监测内容与测点布置

现场试验主要工作内容有：地表沉降监测、地下水位监测、车站外侧深部位移监测、钢管管壁应力监测、拱结构钢筋应力监测、拱脚临时支撑应力监测和周边建筑物沉降监测等。

沿车站主体纵向设置 3 个横向监测断面，分别位于车站轴向中点及其前后50 m 处，监测断面见图 7-1，地表沉降监测沿车站方向设置 19 个监测断面，间距为 8 m，每个断面设 7 个监测点，间距为 8 m。水位监测点距车站边缘 8 m，纵向间距为 8 m，测斜孔距车站边缘 6~10 m，共 3 个。临时支撑设置在第 10 层管处，采用 609 钢管，纵向间距为 3 m，每根临时支撑上均布置应力监测点。

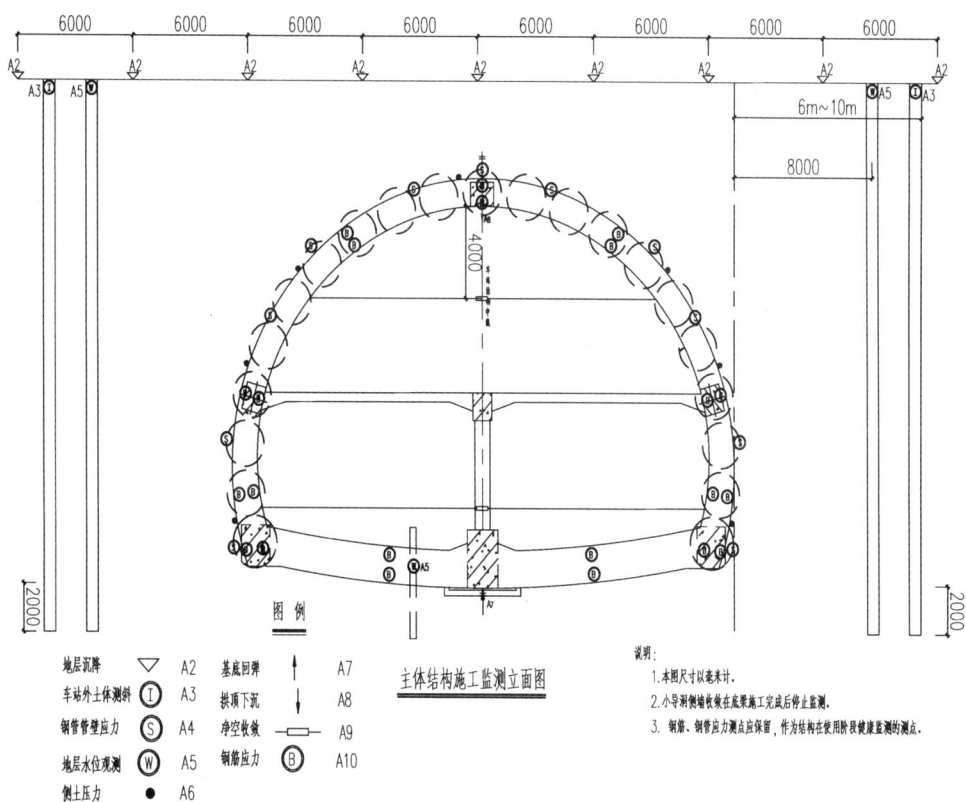

主体结构施工监测立面图

图例

地层沉降	▽　A2	基底回弹	↕　A7
车站外侧土体测斜	Ⓘ　A3	拱顶下沉	↕　A8
钢管管壁应力	Ⓢ　A4	净空收敛	⊏⊐　A9
地层水位观测	Ⓦ　A5	钢筋应力	Ⓑ　A10
侧土压力	●　A6		

说明：
1. 本图尺寸以毫米计。
2. 小导洞侧墙钢筋在底梁施工完成后停止监测。
3. 钢筋、钢管应力测点保留，作为结构在使用阶段健康监测的测点。

图 7-1　监测断面图

7.2.2 监控指标分析

监测方法、监测频率与控制指标见表7－1。监测时间为车站主体施工的全过程。特别说明：当出现沉降速率加快时，需要增加观测频次。

表7－1 监测方法、监测频率与控制指标

序号	项目名称	仪器	监测频率	预警值	最大值
1	地表沉降监测	精密水准仪	站厅层 1 次/d，站台层 3 次/d	21 mm 2 mm/d	30 mm
2	周边建筑沉降	精密水准仪	1 次/d	21 mm 2 mm/d	30 mm
3	地下水位	水位管、水位仪	1 次/d	—	—
4	拱顶沉降	精密水准仪	站厅层 1 次/d，站台层 3 次/d	21 mm 2 mm/d	30 mm
5	拱脚沉降	精密水准仪	站厅层 1 次/d，站台层 3 次/d	21 mm 2 mm/d	30 mm
6	净空收敛	收敛仪	站厅层 1 次/d，站台层 3 次/d	14 mm 2 mm/d	20 mm
7	车站外土体深部位移	测斜管、测斜仪	站厅层 1 次/d，站台层 3 次/d	14 mm 2 mm/d	20 mm
8	钢管管壁应力	表面应力计	土体开挖 1 次/d，非土体开挖 1 次/2d	±140 MPa ±20 MPa/d	±170 MPa
9	拱脚支撑应力	表面应力计	站台层 3 次/d	±140 MPa ±20 MPa/d	±170 MPa
10	车站主体结构应力	钢筋计频率仪	土体开挖 1 次/d，非土体开挖 1 次/2d	±140 MPa ±20 MPa/d	±170 MPa

7.3 临时支撑测试结果分析

管幕预筑法土方开挖时，由于预筑的地下结构是永久结构，其刚度较大，能为开挖提供比较大的防护能力，上层土方开挖时，预筑结构侧墙或拱脚入土深度较大，受到的约束较强，靠预筑结构的支护就能确保安全。当开挖至侧墙或拱脚

底部时,预筑结构侧墙或拱脚内侧出现临空面,缺少内部土方的支撑作用,预筑结构底部仅靠土层水平摩擦力是不够的。在底板施工前,需要采取有效的措施对拱脚进行加固和支撑。通常这两种方法同时采用,能取得比较好的效果。对预筑结构底部进行注浆加固主要是提高地基承载能力。对水平方向约束采用钢支撑能够缩短工期,容易保证质量。

在底层 2~3 m 厚土方开挖前,对预筑结构内部加撑是一种有效措施。预筑结构在土方开挖阶段,空间效应比较明显,隧道洞口底层土方开挖时,因洞口底板长度有限,对侧墙或拱脚的支撑有限,隧道洞口附近底板施工风险最大,洞口附近的站台层土方施工步距相对较小,试验步距长度为 8 m,同时该施工步距范围的临时支撑应力监测尤为重要,对施工安全和后期施工具有指导作用。

图 7 - 2 所示为靠近洞口的 4 根临时支撑的内力监测曲线,从几条曲线的走势来看,在底板处土方开挖时,支撑的内力增长较快,其增长斜率基本一致,可知开挖时预筑结构的空间效应一致。在第一段底板(148~156 m)浇筑过程中,临时支撑的内力变化比较缓慢,2 条曲线基本保持水平,1 条变化较大。

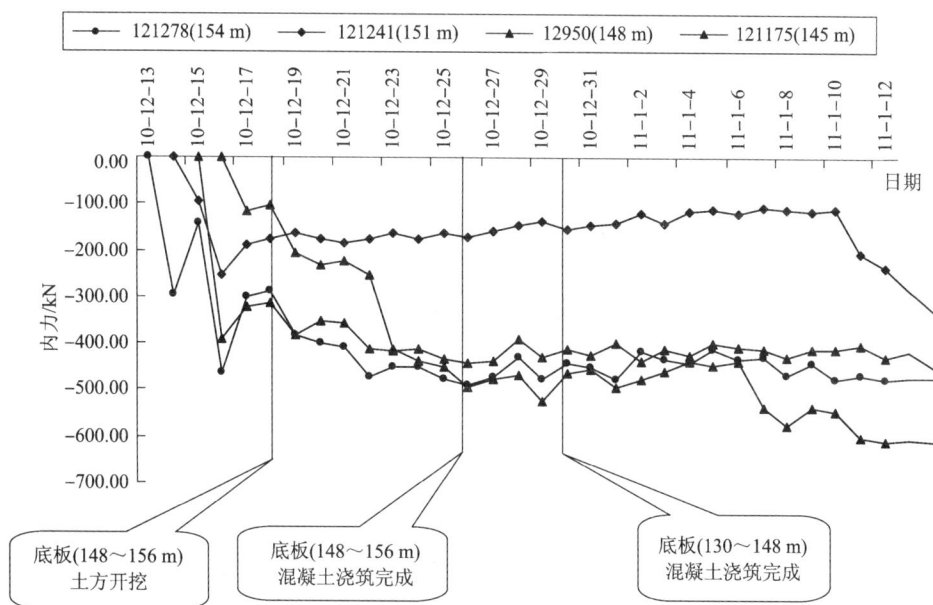

图 7 - 2　临时支撑的内力监测曲线

由于施工监测过程中在每根支撑上仅布置一个测点,临时支撑可能出现弯曲的情况,故测试结果的最大值在底板浇筑时相差较大,最终结果减小,表现在第二段底板(130~148 m)浇筑期间。从第二段底板浇筑期曲线走势来看,几条曲线基本保持为稳定的水平状态，表明轴力基本没什么变化，同时也表明距洞口这段隧道结构空间效应消失，开始表现为平面应力状态。

因洞口段底板浇筑完成后的试验效果较好，空间效应进一步增强，故第二段施工步距变为 18 m，临时支撑轴力监测的间距也相应调整，相应的临时支撑轴力实测曲线如图 7-3 所示。新增临时支撑的轴力仍与洞口附近临时支撑轴力变化特征相似，表明采用 18 m 步距也是合理的，这样提高了施工的效率，加快了施工进度。

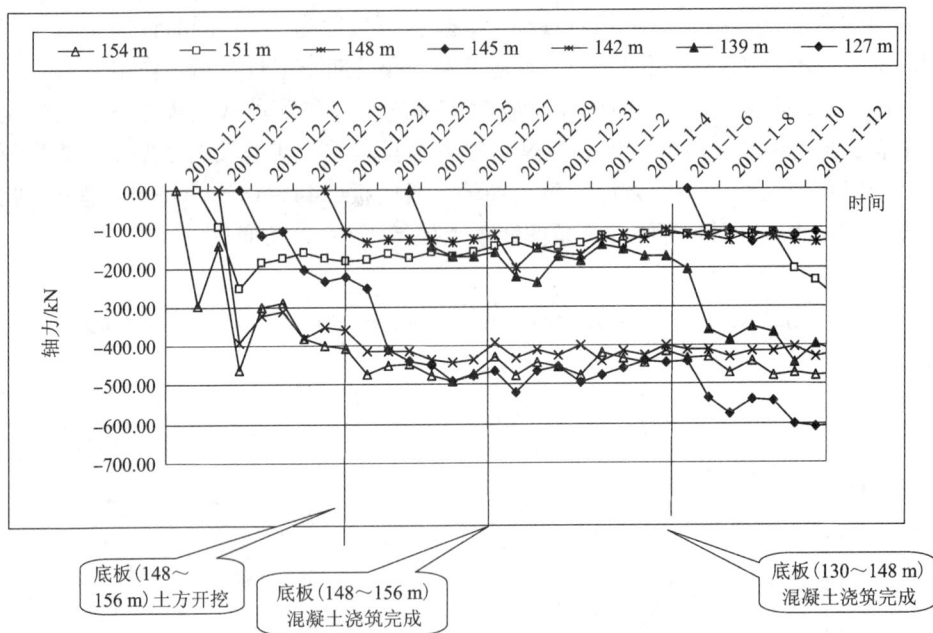

图 7-3　临时支撑轴力实测曲线

7.4　地下结构力学响应分析

7.4.1　拱顶和拱脚沉降分析

拱顶测点是随着站台层内土方开挖后布置的，首先在站台层内部顶端用拉槽的方法，掏出测点位置。距离车站主体洞口 41 m 处的测点 3(118 m)的沉降曲线如图 7-4 所示，沉降曲线主要分 5 个阶段，沉降曲线特点明显。

具备监测条件的是第 2 阶段，即主体结构内部站台层土方开挖阶段，整体沉

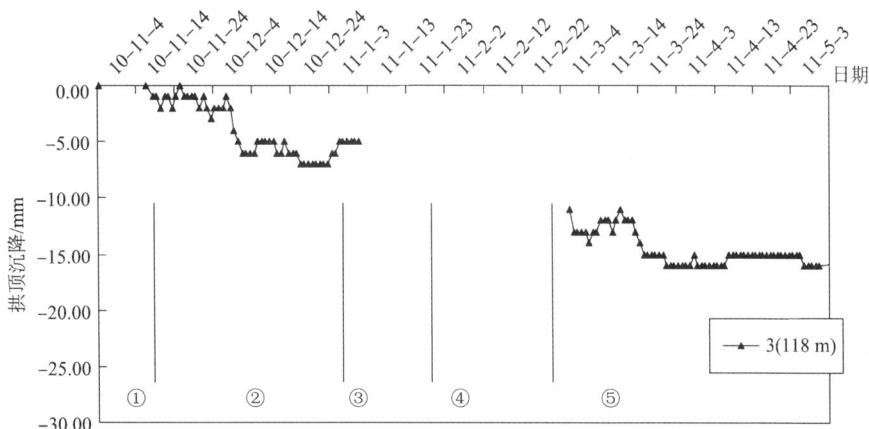

图 7 - 4　测点 3 拱顶沉降历时曲线

①—测点出现前站台层土方开挖；②—站台土方开挖；③—站厅层土方开挖；
④—底板层土方与底板施工，中柱与中板施工；⑤—工后沉降

降不大，最大沉降量约为 5 mm，沉降曲线在中部发生突变，主要原因是站台层全部贯通后，主体结构中部顶层土方对拱结构具有较大的支撑作用，贯通过程中，土方支撑卸载，拱壳结构空间效应消失，表现为平面应变状态。在该阶段后期，随着站台层土方开挖深度的增加，站内土方对拱壳的水平支撑作用减小，拱壳受到围岩的作用增大，拱壳腰部收敛，拱顶沉降出现回弹。

在第 3～4 阶段，由于站厅层土方开挖和底板浇筑施工，不具备测量条件。到具备条件监测时，即第 5 阶段开始，拱顶沉降量约为 9 mm，表明管幕预筑主体车站拱顶在站厅层贯通时，拱顶沉降量比较大，约为站台层土方施工时的 2 倍，此期间施工，需要密切监测拱顶沉降量。

拱顶在第 5 阶段为工后沉降阶段，沉降量约为 5 mm，约 20 d 达到稳定状态，表明在砂土地层中施工隧道，工后沉降稳定时间比较短，1 个月内基本达到稳定状态。

拱顶纵向沉降量变化曲线如图 7 - 5 所示，2010 年 10 月 23 日站台层土方开挖从车站两端开挖，至 2010 年 11 月 22 日站台层贯通，拱顶沉降曲线(2010 - 11 - 22)靠近车站主体北端拱顶沉降很小，距车站南端沉降稍大，达到 9 mm。在站厅层施工的前 4 个施工段，拱顶沉降量变化很小，沉降曲线基本上保持水平，车站主体结构表现为平面应力状态，拱顶最大沉降量约为 9 mm。

至车站施工结束(2011 - 2 - 14)时，距隧道南端洞口拱顶沉降量增幅较大，最大沉降到 15 mm，整体表现为北端拱顶沉降小于南端拱顶沉降，其原因跟车站

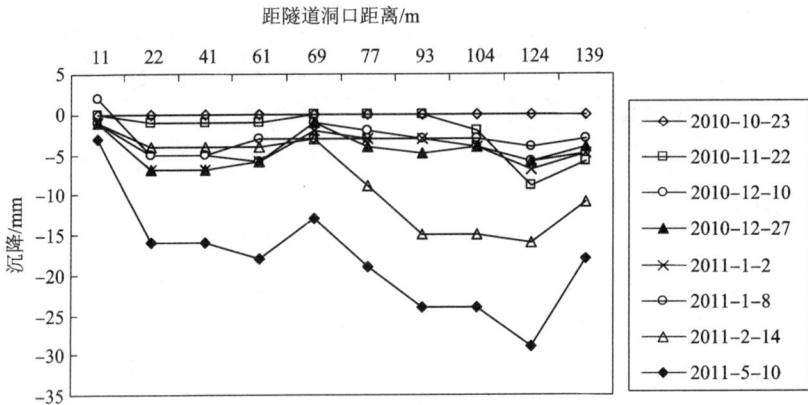

图 7 - 5　拱顶纵向沉降变化曲线

埋深有关,北端埋深最大,南端埋深最小。

　　工后沉降曲线(2011 - 5 - 10)也具有北端沉降小于南端沉降的特征。这条沉降曲线与施工结束时的沉降曲线(2011 - 2 - 14)基本平行,表明工后沉降幅度基本一致,与隧道埋深无关。

　　隧道北端拱顶沉降总体上比较小,这不仅与隧道埋深相对南端要大有关,还跟施工水平有关,前期南北两端的通道施工和主体结构顶管由 2 个施工队从车站两端分别施工,从施工过程来看,北端施工队伍技术控制较好,对地层的扰动相对较小,为后期车站主体结构施工的地表沉降控制提供了较好的保障。

　　由管幕预筑隧道结构的拱顶沉降曲线可知,拱顶沉降最大值仅为 30 mm,在砂土地层中,对跨度达到 26.2 m,开挖断面面积达到 402.5 m² 的超大断面浅埋单拱隧道施工,管幕预筑隧道衬砌结构在大空间开挖过程中对围岩约束作用非常大,其效果是非常明显,为施工安全提供了有效保障。

7.4.2　净空收敛分析

　　管幕预筑车站内土方开挖阶段,对预筑拱壳结构的收敛监测共设 16 个监测断面,间距约为 10 m,每个断面设两个监测点,分别布置在中板(中板未施作前)和拱脚处,洞口监测结果如图 7 - 6 和图 7 - 7 所示。

　　图 7 - 6 可知,在第一阶段站台层土方开挖阶段,中板处净空收敛几乎为零,表明拱壳受到较强约束。原因是站台层全部贯通后,站厅层拱壳结构仍然深埋于土层中,拱壳内外围岩对拱壳结构的约束较强,净空收敛几乎为零。在该施工阶段对拱壳结构进行计算分析时,拱壳可按无铰拱计算。

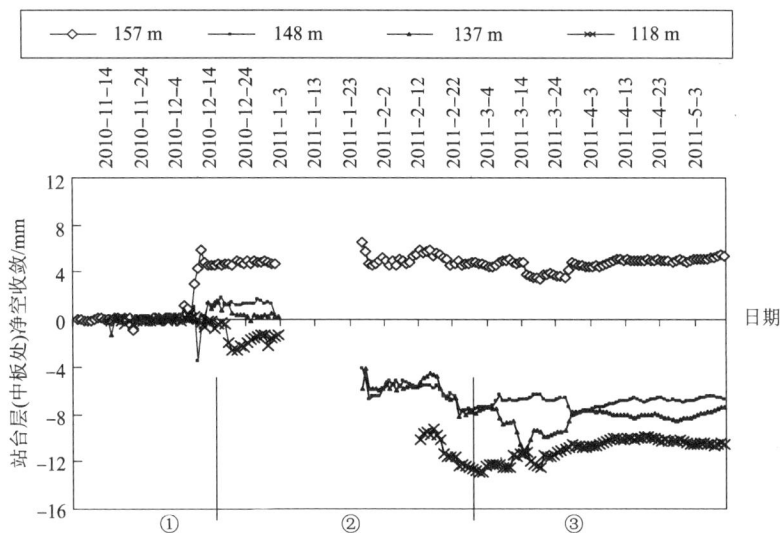

图7-6　主体结构中板处收敛曲线

①—站台层土方施工；②—站厅层图施工及底板浇筑，中柱和中板施工；③—工后收敛

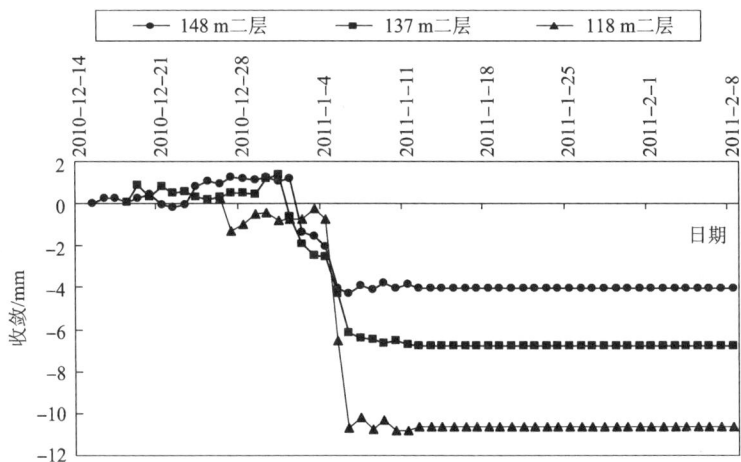

图7-7　拱脚净空收敛曲线

第二阶段由于监测受限，部分时段没法进行监测，但从后续第三阶段走势可知，洞口（157 m）中板处净空收敛出现负值，即中板处向外扩张，表明随着站台层土方开挖，拱壳结构空间效应发挥了作用，拱壳中段结构随内部站厅层土方清除向内收敛，而洞口段中板处拱壳向外扩张。其他三个测点的收敛值走势基本相同，

收敛值介于 6 ~ 14 mm。第二个测点(148 m)和第三个测点(137 m)在第二阶段起始阶段也具有向外扩展的趋势,相对第一个测点稍小,随站台层施工最终收敛。

在第三个阶段,即车站结构施工完成后,工后收敛有回弹趋势,但变化总量不大,仅为 1 ~ 2 mm。随着拱壳结构外的围岩固结和前期底板施工采取的降水在工后回升,底板对拱壳的支撑作用使结构体系发生了变化,拱壳结构内力发生了调整,导致站台层中板净空收敛值出现回弹。

拱脚收敛曲线如图 7 - 7 所示,由于洞口底板有圈梁作用,洞口拱脚设收敛测点,从图 7 - 7 所示 3 个测点的收敛曲线可知,拱脚收敛分为 3 个阶段,在起始阶段,拱脚有向外扩展的趋势。随着前方站台层土方的开挖,拱壳结构的空间效应发挥了作用,其定性分析尚待深入研究。

第二阶段拱脚收敛得比较快,最大值为 11 mm。随着底板浇筑并达到龄期,洞口附近的临时支撑被拆除,底板混凝土固结收缩,拱脚产生了收敛。底板发挥稳定作用后,工后收敛稳定的时间比较短,约为 20 d。拱脚收敛稳定的时间表明,砂土地层中施工隧道,工后地层沉降时间比较短,约为 20 d。

由管幕预筑的隧道结构净空收敛曲线可知,净空收敛最大值仅为 11 mm,对于砂土地层中跨度达到 26.2 m,断面面积达到 402.5 m² 的超大断面浅埋单拱隧道施工,效果非常明显,表明管幕预筑隧道衬砌结构在大空间开挖过程中对围岩约束作用非常大,为施工安全提供了有效保障。

7.4.3 拱壳结构的沉降分析

主体结构施工阶段典型断面变形图如图 7 - 8 所示,由结构断面变形图可知:

(1)拱壳结构变形的特点是拱顶和拱脚向结构内部收敛,拱腰向结构外侧扩张,据此可以得到拱结构与土体相互作用的范围,并确定主动荷载与被动荷载。拱腰位置实测衬砌结构向外产生的位移很小,单侧位移量仅为 0 ~ 0.6 mm,因而可以假定,在计算砂土层管幕预筑高跨比比较大的浅埋曲墙式隧道衬砌时,可以不考虑衬砌与围岩的相互作用,采用荷载 - 结构法计算较合理,围岩压力介于主动土压力与静止土压力之间。

(2)在土方开挖阶段,拱顶相对沉降量为 1 ~ 5 mm,实测值与数值模拟的结果比较吻合,表明管幕预筑隧道衬砌具有较大的刚度,对控制拱壳顶部的沉降具有较好的效果。

(3)拱脚收敛值为 3 ~ 15.4 mm,相差较大,隧道洞口附近拱脚收敛值最小,说明隧道洞口的横通道结构对车站隧道结构的约束较强。离开车站洞口一定范围,拱脚收敛较大。虽然施工时采取了一些措施,对拱脚处围岩进行了加固和对拱脚加了支撑,但施工过程中收敛值仍然达到了 15.4 mm,后续的施工过程需要对拱脚采取特别的施工措施,以控制拱脚的收敛。

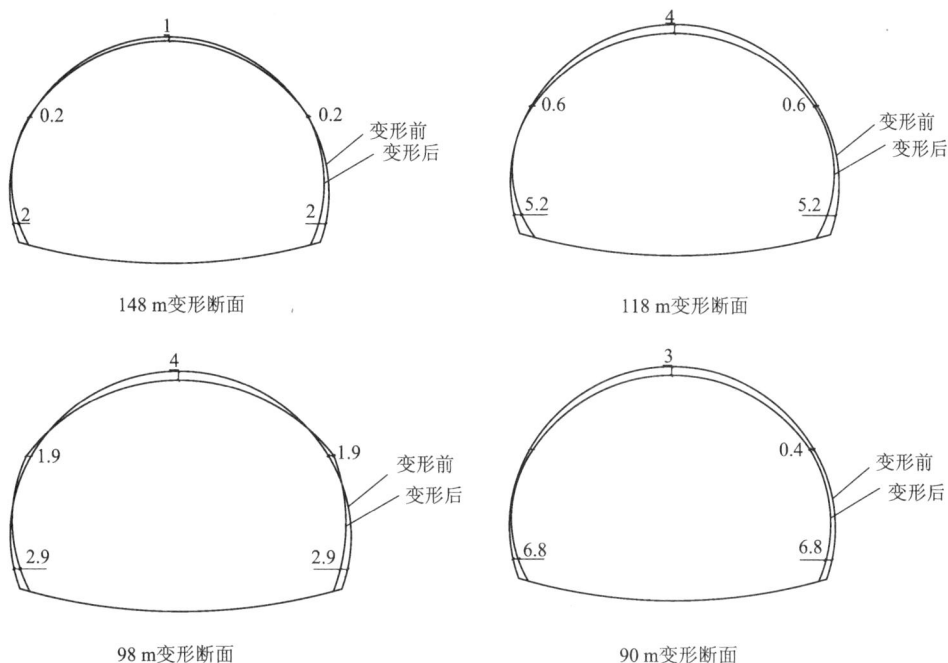

148 m变形断面

118 m变形断面

98 m变形断面

90 m变形断面

图 7 - 8　主体结构施工阶段典型断面变形图

7.4.4　拱壳结构应力分析

图 7 - 9 为距车站南端 50 m 处衬砌监测断面的钢筋应力变化曲线,测点编号见图 7 - 1,顶管编号自拱顶处开始编号,第一层为 A(B),左右依次为2A(2B),3A(3B)…11A(11B)。由图 7 - 9 可知,在车站大开挖阶段,衬砌表面不同测点的应力在 - 12 MPa(压应力)至 12 MPa(拉应力)之间变化,衬砌结构的应变在弹性范围内,衬砌结构为 C30 钢筋混凝土,承载能力还有很大的储备。也就是说,围岩因受到衬砌的有效约束,即受到第 3 主应力的作用,其自稳能力较强,作用于衬砌上的围岩压力估算过高,同时也表明,该曲墙衬砌结构拱轴线并不是最合理的拱轴线。因此,对于管幕预筑衬砌结构的理论分析和设计,尚有很大的优化空间,需进一步研究。

根据构件在拉(压)弯组合内力作用下的正应力计算公式(7 - 1),可以作出衬砌结构的弯矩和轴力图,据此可对衬砌结构进行设计,确定衬砌的厚度和配筋率。

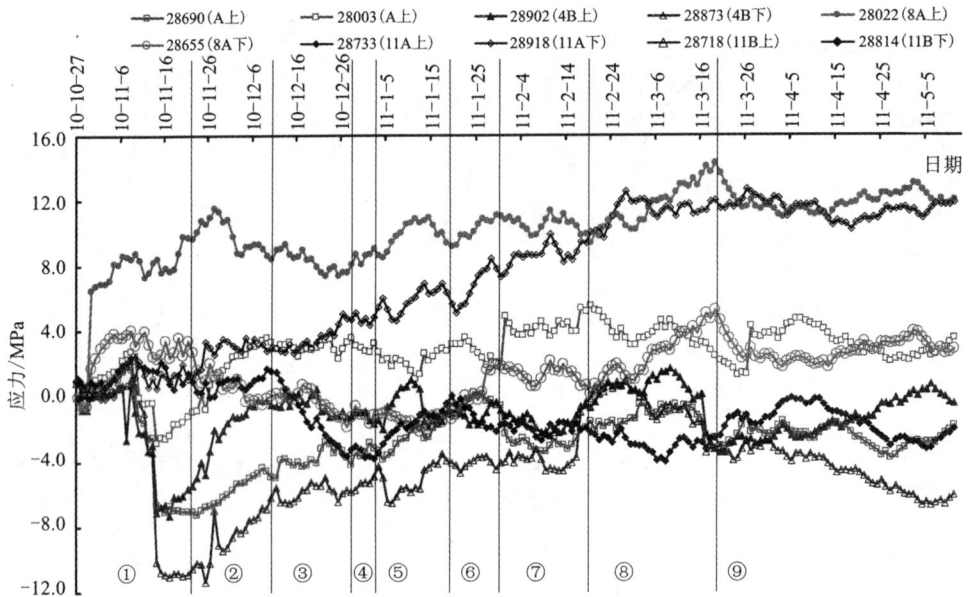

图 7 - 9　衬砌钢筋应力变化曲线

①—主体站厅层土方开挖；②—主体站台层土方开挖开；③—底板(148～157 m)混凝土浇筑；
④—底板(130～148 m)混凝土浇筑；⑤—监测断面前几段底板施工；⑥—监测断面所在施工段底板施工；
⑦—监测断面后几段底板施工；⑧—中板施工；⑨—工后监测

$$\sigma_{tmax} = \frac{F_N}{A} \pm \frac{M}{W_z}$$

$$(7-1)$$

$$\sigma_{cmax} = \frac{F_N}{A} \pm \frac{M}{W_z}$$

式中：σ_{tmax}，σ_{cmax} 分别为最大拉应力和最大压应力；F_N，M 分别为截面轴力和弯矩；A，W_z 分别为截面面积和弯矩截面系数。

对于同一个截面来说，弯矩和轴力是确定的，对式(7-1)进行变换，即可得到弯矩和轴力计算公式，分别为式(7-2)和式(7-3)。

$$M = W_z(\sigma_{tmax} - \sigma_{cmax})/2 \qquad (7-2)$$

$$F_N = A(\sigma_{tmax} + \sigma_{cmax})/2 \qquad (7-3)$$

由图 7-9 和式(7-2)与式(7-3)即可换算出每米宽度衬砌的实测弯矩和轴力。

图 7-10 所示为仰拱跨中截面处表面的钢筋应力变化曲线，不同断面测出的钢筋应力基本为压应力，除 137 m 处测点压应力最大达到 42 MPa 外和另两个测点压应力超过 30 MPa 外，其余均在 1～30 MPa，且在开始施工阶段应力波动比较大。

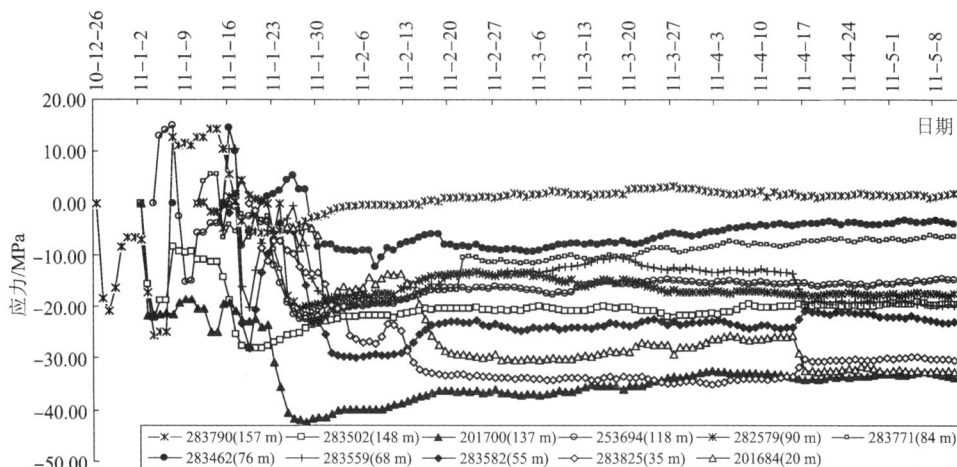

图 7 - 10　仰拱跨中截面处表面的钢筋应力变化曲线

图 7 - 11 所示为中板跨中截面处表面应力变化曲线，开始阶段此时中板受到满堂脚手架的支撑，一般为压应力，中板为轴向受压作用，当拆除模板后，中板自重和施工荷载由中板承担，中板为压弯构件。

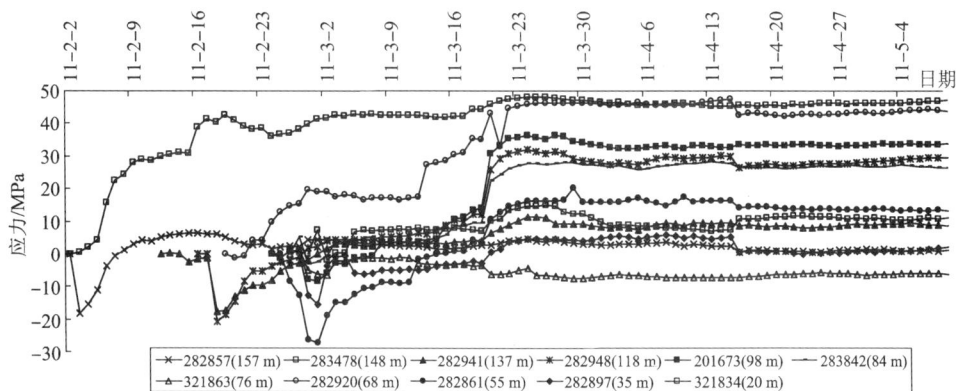

图 7 - 11　中板跨中截面处表面应力变化曲线

7.5　地表沉降结果分析

7.5.1　典型断面地表沉降曲线

地表典型监测断面测点沉降曲线如图 7 - 12 所示，由图 7 - 12 中可知，车站主体结构施工时沉降曲线主要分为两种类型。

主体断面1沉降统计(146 m/156 m)

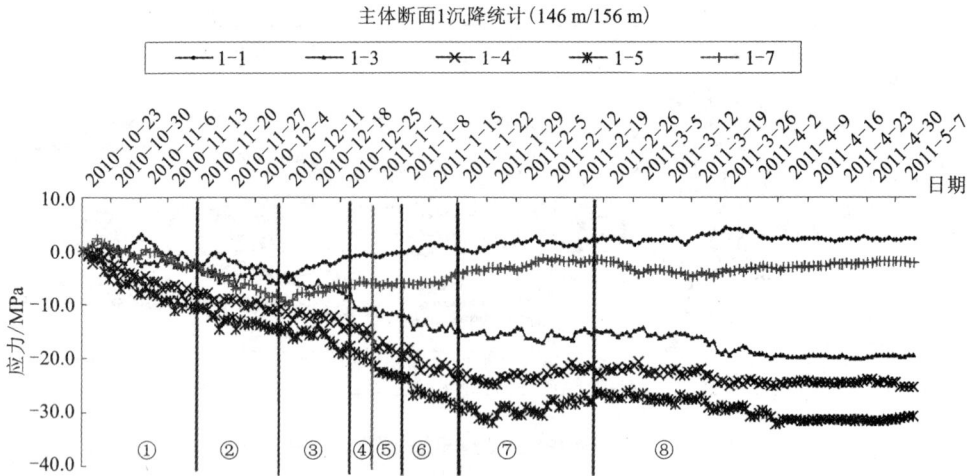

图7－12　主体施工地表监测断面1的沉降历时曲线
①—站厅层土方开挖；②—站台层开挖；③—第一段8 m底板浇筑；④—第二段18 m底板浇筑；
⑤—第三段14 m底板浇筑；⑥—第四段底板浇筑；⑦—后续底板浇筑；⑧—工后沉降

测点1－1(距隧道轴线水平距离为28 m)和测点1－7(距隧道轴线水平距离为20 m)为监测断面的边缘，两个测点间距为48 m，沉降主要分两个阶段，在车站内土方开挖阶段(图中①和②阶段)，地表沉降缓慢增加。站台层施工完成后，地表沉降曲线向上翘，地表沉降有回弹，可能的原因有两个：在隧道顶部土方下沉阶段，边缘可能出现挤出效应，表现为边缘地表沉降回弹；在预筑结构封底后，地下水位回升对车站整体有抬升作用，监测断面边缘地表沉降出现回弹。这两条曲线基本平行，距隧道轴线水平距离越大，沉降越小。

另外3个测点的沉降曲线走势比较复杂，整体表现为下沉。在整个结构内部土方开挖和底板浇筑施工过程中，沉降曲线基本为线性变化，最大沉降达到32 mm。在工后沉降(阶段⑥)则主要分为两段曲线，在开始阶段，曲线有向上回弹的趋势，也与前述两个测点的走势相似，原因可能是车站结构封闭后，地下水位的上升对整个车站有抬升作用，抬升量约为4 mm。工后沉降的后阶段，抬升位移没有稳定下来，沉降曲线又小幅的下调，表明地下水位上升后，隧道顶部土方有个重新固化下沉过程。

图7－13所示为监测断面13的地表沉降曲线，该监测断面远离隧道洞口，可忽略洞口效应。5条监测曲线走势分为三种，监测断面边缘测点13－1的走势与前述监测断面边缘测点沉降走势基本相似，在车站土方开挖和底板浇筑过程中，沉降曲线表现为上升，施工结束后则沉降继续发展，基本稳定时，沉降基本恢复。

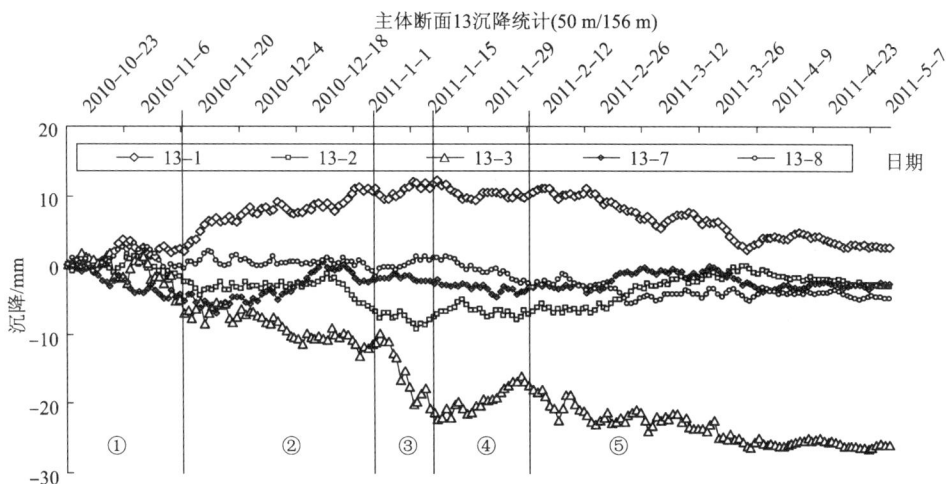

图 7 – 13　监测断面 13 的沉降历时曲线

①—站厅层土方开挖；②—站台层 50 ~ 159 m 段施工；③—本段底板土方开挖和底板浇筑；
④—剩余段开挖与封底；⑤—工后沉降

　　测点 13 – 2、测点 13 – 3 和测点 13 – 7 距隧道轴线水平距离减小，沉降曲线整体变化比较缓慢，但阶段变化还是出现较大的波动，与预筑拱壳结构施工过程中的空间效应影响和地下水位上升对车站结构的抬升有关。

　　由于测点 13 – 3 距隧道轴线水平距离最小，为 12 m，大概位于隧道边缘的正上方，沉降曲线基本向下变化，最大沉降达到 26 mm。在整个沉降变化阶段，上下波动仍然较大。

　　由地表的两个监测断面的沉降曲线可知，在砂土地层中，在跨度达到 26.2 m，开挖断面面积达到 402.5 m² 的超大断面浅埋单拱隧道结构内部进行土方施工，地表最大沉降量仅为 30 mm，预筑结构在大空间开挖阶段发挥了重要的沉降控制作用，施工效果非常明显，为确保施工安全和顺利完工提供了有效保障。

7.5.2　典型断面沉降槽分析

　　管幕预筑车站结构施工过程典型地表横向沉降槽曲线如图 7 – 14 和图 7 – 15 所示，图 7 – 14 所示为监测断面 1 地表横向沉降槽曲线，从 2010 年 10 月 23 日开始进行站厅层土方开挖，到 2011 年 2 月 14 日结构底板施工结束，以及工后监测至 2011 年 5 月 11 日，共有 8 条沉降槽实测曲线。由图 7 – 14 可知，在站台层土方开挖时的第一条曲线(2010 – 11 – 22)变化比较缓慢，最大沉降量约为 10 mm。在站台层土方开挖(2010 – 12 – 10)时，隧道边缘顶点处测点继续沉降幅度较小，其他测点稍大。后续施工期间,隧道边缘顶点以外测点沉降值回弹,而隧道正上方测点沉降较大,表现出整体塌落特征,工后沉降槽曲线(2011 – 5 – 11)尤为明显。

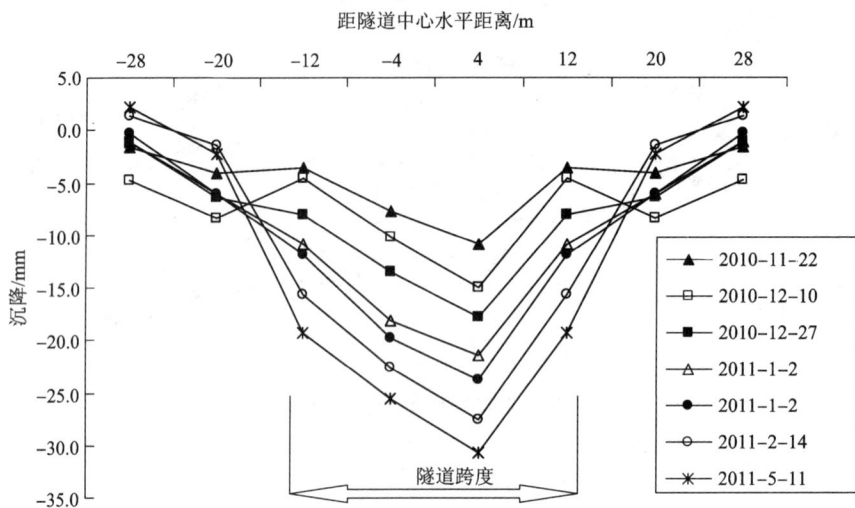

图 7 – 14 监测断面 1 地表横向沉降槽曲线

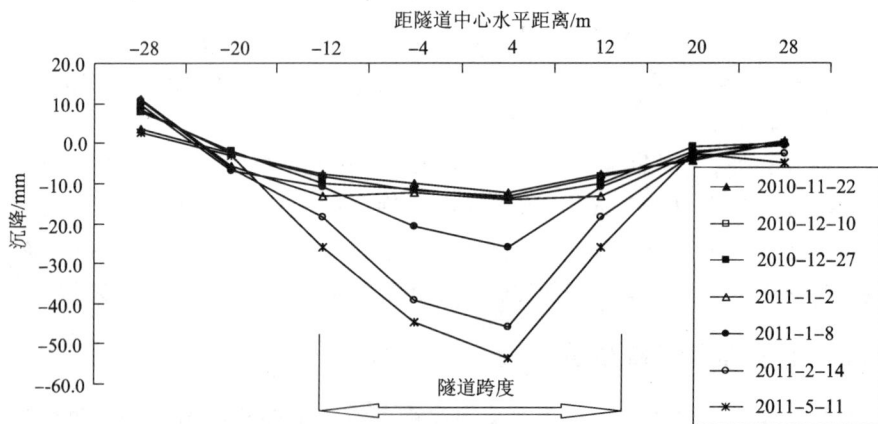

图 7 – 15 监测断面 13 地表横向沉降槽曲线

监测断面 13(50 m/159 m)的站台层土方开挖自 159 m 洞口开始,开挖该监测断面时间在 2011 年 1 月 8 日左右。自 2010 年 10 月 23 日站厅层土方开挖,到 2010 年 11 月 22 日贯通站台层,其地表横向沉降槽曲线(2010 – 11 – 22)比较平缓，最大沉降约为 12 mm。在站台层土方开挖和底板浇筑至该监测断面过程中，自 2010 年 11 月 22 日至 2011 年 1 月 2 日历时 41 d，地表横向沉降槽曲线基本没有什么变化，4 条横向沉降槽曲线基本重合，表明该监测截面等待施工时，拱顶地层沉降是稳定的，固结沉降基本完成。

自 2011 年 1 月 8 日开始开挖该监测断面土方，至 2011 年 2 月 14 日工程结束，地表横向沉降槽曲线变化较前期沉降曲线明显。工程结束时和工后沉降槽曲线仍然表现出与监测断面相似的特征，隧道正上方与隧道宽度相当的地表，沉降明显增加，整体呈现浅埋隧道塌落特征，而在监测断面距离隧道中心距离较远处的测点，地表沉降仍然有上翘的特征。地表沉降最大值达到了 55 mm，这与前期顶管阶段对该区域造成的扰动过大和该阶段站台层土方施工步距过大有关。

7.5.3　纵向地表沉降槽分析

纵向地表沉降监测变化曲线如图 7 – 16 和图 7 – 17 所示，分别为车站轴线上方左右各 4 m 处断面沉降的变化值。车站主体内土方开挖共 159 m，由于距南端地表埋深非常小，在前期顶管过程扰动特别大，这里仅列出北端 101 m 处，图 7 – 16 中所示距离从北端洞口计算。2010 年 10 月 23 日站台层土方开挖从车站两端开始，至 2010 年 11 月 22 日站台层贯通，2 条沉降曲线(2010 – 11 – 22)基本上保持水平，车站主体开挖表现为平面应力状态，最大位移约为 15 mm。

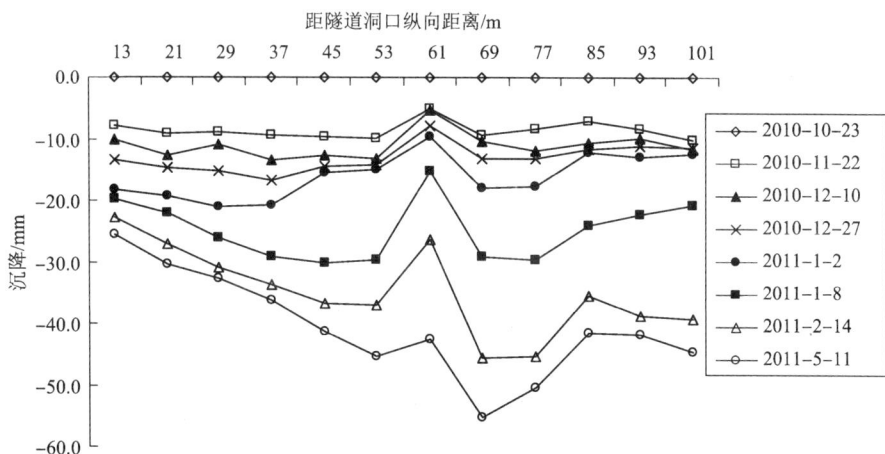

图 7 – 16　隧道中心左侧 4 m 断面纵向地表沉降变化曲线

在站厅层土方开挖至底板第 3 段底板封底(2011 – 1 – 2)，3 条沉降曲线左端发散，右端收敛，地表最大沉降为 25 mm，表明尚未开挖的站厅层对主体结构的约束明显。

自站厅层第4施工段(2011-1-8)开始至主体结构封底过程结束(2011-2-14)，地表沉降随距离隧道洞口距离的增大而沉降加快，最大沉降达到60 mm。洞口沉降小的原因在于车站主体结构端部通道及围岩对主体车站洞口围岩和拱壳结构的约束作用。

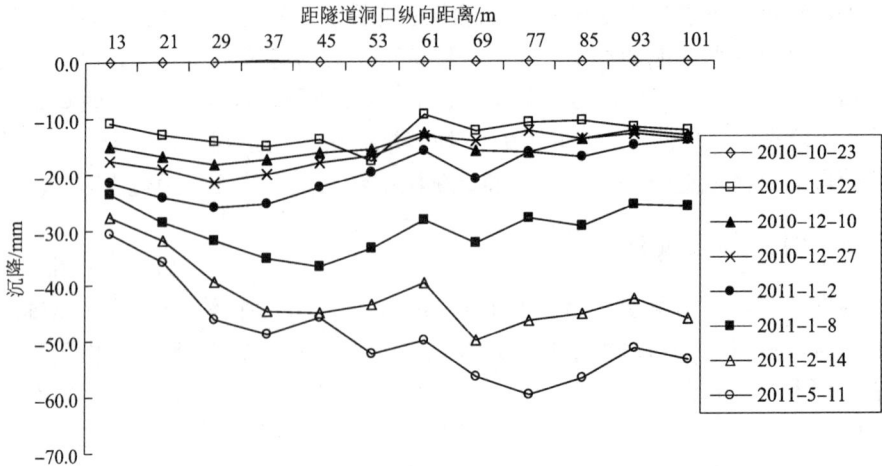

图 7-17 隧道中心右侧 4 m 断面地表纵向沉降变化曲线

7.6 小结

通过对管幕预筑隧道施工现场试验，讨论了结构内部土方开挖过程实验方案、临时支撑的内力变化特点、管幕预筑结构施工力学响应和地表沉降规律，得到如下结论：

(1)确定了管幕预筑隧道施工试验方案和监控指标。

现场试验包含地表沉降监测、地下水位监测、车站外深部位移监测、钢管管壁应力监测、拱结构钢筋应力监测、拱脚临时支撑应力监测和周边建筑物沉降监测等。

(2)获得了管幕预筑隧道施工时拱脚支撑的受力变化规律，分析了拱脚加固的施工效果。

管幕预筑隧道内土方开挖时，在底层2~3 m厚土方开挖前，对管幕预筑结构内部加撑是一种有效措施，既缩短了工期，又保证了质量。同时表明，管幕预筑结构施工前，对预筑结构的拱脚底部及其外侧进行注浆加固，对提高地基承载能力和减小预筑结构在水平方向的推力具有较好的效果。

靠近洞口的 4 根临时支撑的内力监测曲线走势表明,在底板处土方开挖过程中,支撑的内力增长较快,其增长的斜率基本一致。在土方开挖阶段,空间效应比较明显,洞口底板段对侧墙或拱脚的支撑有限,洞口附近的底板施工风险最大。在第一段底板浇筑过程中,临时支撑的内力变化比较缓慢,支撑内力趋于稳定。

洞口附近的站台层土方施工步距相对较小,随着洞口段底板的浇筑完工,离开隧道洞口后,增加底层土方施工步距比较合理,可提高施工效率,加快施工进度。同时也表明,距洞口附近隧道结构空间效应消失,管幕预筑隧道衬砌开始表现为平面应力状态。

(3)获得了管幕预筑地下结构的力学响应特征。

拱顶和拱脚沉降规律:开始阶段,主体结构内部站台层土方开挖阶段,整体沉降较小,最大沉降量约为 5 mm,站台层全部贯通时沉降曲线在中部出现了突变,拱顶沉降约为 9 mm,拱壳结构的空间效应消失,表现为平面应变状态,随着土方开挖深度的增加,拱顶沉降回弹 5 mm。在站厅层贯通时,拱顶沉降量比较大,拱顶沉降约为 9 mm,约为站台层土方施工的 2 倍。在工后沉降阶段,沉降量约为 5 mm,约 20 d 基本达到稳定状态。

拱顶纵向沉降特征:施工期靠近车站主体北端拱顶沉降很小,距车站南端沉降稍大,达到 9 mm。至车站施工结束时,距隧道南端洞口拱顶沉降增幅较大,最大位移达到 15 mm,整体表现为北端拱顶沉降小于南端拱顶沉降,拱顶沉降跟车站埋深有关。工后沉降曲线也具有北端沉降小于南端沉降的特征。工后沉降曲线与施工结束时的沉降曲线基本平行,表明工后沉降幅度基本一致,与隧道埋深无关。

净空收敛特征:在站台层土方开挖阶段,中板处净空收敛几乎为零,拱壳受到比较强的约束;随着土方的开挖,中板处净空收敛出现负值,即中板处向外扩张,随着站厅层土方开挖,拱壳结构的空间效应发挥了作用,拱壳中段向内收敛,收敛值介于 6~14 mm。在车站结构施工结束后,工后收敛有回弹趋势,但其变化总量不大,为 1~2 mm。

拱脚收敛特征:收敛分为 3 个阶段,在起始阶段,拱脚有向外扩展的趋势。在第二阶段,拱脚收敛较快,最大值为 11 mm。随着底板发挥作用,工后收敛稳定时间比较短,约为 20 d,表明在砂土地层中,工后地层沉降时间比较短。

拱壳结构沉降特点:拱顶和拱脚均向结构内部收敛,拱腰向结构外侧扩张,拱腰处衬砌结构向外产生的实测位移很小,单侧位移量仅为 0~0.6 mm,衬砌与围岩的相互作用有限,采用荷载-结构法计算是合理的。在土方开挖阶段,拱顶相对沉降值在 1~5 mm 范围内,实测值与数值模拟的结果比较吻合。拱脚向内的收敛值在 3~15.4 mm,相差较大,距离隧道洞口拱脚收敛值最小,离开车站洞口一定范围,拱脚收敛较大。

（4）获得了地表沉降规律。

地表沉降曲线主要分为两种类型，一类是远离隧道中心的测点，地表沉降缓慢增加，在站台层施工完成后，地表沉降曲线向上翘，地表沉降有所回弹。随着距隧道轴线水平距离的增大，沉降减小。另一类测点位于隧道上方，沉降曲线走势比较复杂，整体表现为下沉。在整个结构内部土方开挖和底板浇筑施工过程中，沉降变化基本为线性变化，最大沉降量达到 32 mm，在工后沉降的开始阶段，曲线有向上回弹的趋势，然后沉降曲线又小幅地下调。

在站台层土方开挖时，沉降曲线变化比较缓慢，隧道边缘顶点处测点继续沉降幅度较小，其他测点稍大。后续施工期间，隧道边缘顶点以外测点沉降值回弹，而隧道正上方测点沉降较大，表现出随隧道整体塌落的特征。

站台层土方开挖和站台层贯通时的两条沉降曲线基本保持水平，车站主体开挖表现为平面应力状态，最大位移约为 15 mm。在站厅层土方开挖至底板第 3 段，底板封底，3 条沉降曲线左端发散，右端收敛，地表最大沉降为 25 mm，尚未开挖的站厅层土体对主体结构约束明显。自站厅层第 4 施工段开始至主体结构封底，地表沉降表现为距离隧道洞口距离越大，沉降速度加快的特征，最大沉降达到 60 mm。

第 8 章 结论与展望

8.1 结论

　　管幕预筑法是一种新型的建造地下工程暗挖工法，它利用相对刚度较大的大直径钢管密排顶管，将管间贯通后形成管廊空间，利用管廊空间预筑地下永久结构，然后在永久结构的支护下进行大跨度地下空间开挖，具有施工安全、地表沉降小、工期较短、空间大、对地面交通、周边商业和居民生活影响小、施工无须降水、具有很好的环境效益和社会效益。适用于不宜明挖施工的土质或软弱无胶结的砂、卵石等第四系地层条件，以及地面建筑密集、交通运输繁忙、地下管线密布，且对地表沉陷有严格要求的城区地下建筑物的修建，特别适用于城区地下枢纽工程和交通干道下的地下工程建设。管幕预筑法是一种非常值得研究和采用的新型地下工程建造技术。

　　管幕预筑法施工工序多，各施工工序之间相互影响，预筑结构内部土方开挖是管幕预筑法建造地下空间技术的一道重要工序，对整个车站的影响非常大。本书针对这道工序进行了系统研究，并结合工程实践，对管幕预筑地下空间的大开挖进行研究和总结，为完善管幕预筑法的设计、施工、监控提供指导，为形成管幕预筑法建造地下空间技术的规范性文件提供有益的借鉴。研究结论如下：

　　(1)本书结合管幕预筑法建造暗挖地铁站施工，进行了系统研究，通过对管幕预筑法的支护理论和大开挖阶段的理论分析、数值模拟和现场试验，确保了管幕预筑法建造地下空间技术在国内的首次成功应用，研究表明，管幕预筑法是一种有发展潜力和推广应用价值的建造地下空间的暗挖施工方法，必将推动我国地下空间建造技术的发展和进步。

　　(2)通过对管幕预筑法建造的地下空间大开挖的理论分析、数值模拟和现场试验，得出在结构内部土方开挖阶段地表位移累计值较小的特点，其值占整个管幕预筑法施工引起的地表沉降值的比重小。研究表明，管幕预筑法建造地下空间时，对环境影响最大的阶段是顶管和钢管切割阶段，施工过程中需要采取有效的注浆措施控制地表沉降；在结构内土方开挖阶段，需对拱脚围岩采取花管注浆进行加固，并在拱脚及时加撑和浇筑底板，控制大开挖施工引起的地表沉降。

(3)管幕预筑混凝土衬砌结构在钢管幕内完成，其施工需满足施工工艺要求，确保施工人员进出及模板与钢筋的运输。研究发现，为满足工艺要求，衬砌厚度比较大，刚度也大，施工过程中衬砌变形非常小，曲墙衬砌被动土压力区间不明显，衬砌与围岩的相互作用不明显。理论分析、数值模拟和现场试验表明，忽略衬砌与围岩的相互作用，采取荷载 – 结构法计算模型进行简化计算是可行的。

(4)管幕预筑曲墙衬砌为永久结构，混凝土衬砌结构设计应考虑为弹性变形。理论分析和数值模拟及现场试验表明，考虑混凝土衬砌结构为弹性变形时，永久衬砌结构与围岩紧密结合，拱腰向外产生的变形较小，被动土压力区间较小，可以忽略衬砌与围岩的相互作用，浅埋管幕预筑隧道围岩压力可采用静止土压力进行计算。

(5)管幕预筑法建造地下空间技术是先部分或全部建好地下永久结构，在永久结构的支护下，进行结构内的土方开挖，与传统的先开挖土方后施作永久结构的方法明显不同。传统方法先开挖土方，洞壁出现卸荷回弹，围岩出现松动，而管幕预筑法则由于预筑的永久结构先对洞壁进行支护，土方开挖卸荷的过程中，永久结构限制了围岩的变形。采用传统洞室开挖的地表沉降预测方法来预测管幕预筑法施工引起的地表沉降，结果偏大。土方开挖期间，地表沉降表现为整体塌落特征，砂性地层条件下地层损失率为0.0005% ~ 0.0020%，沉降槽宽度系数约为0.5。

(6)对于管幕预筑地铁车站主体结构这种高跨比较大的拱壳结构，管幕预筑结构对围岩的约束作用明显，在主体结构内土方开挖的过程中，拱顶沉降和拱顶地表沉降与一般隧道施工方法引起的沉降一直增加的变化趋势不同。拱顶沉降规律是先下沉后有小幅回弹，回弹量在3 ~ 4 mm，然后又下沉；拱顶地表沉降规律是先下沉，然后维持一段时间不变，再下沉，拱顶的回弹过程使地表沉降不增加。

(7)数值研究表明，管幕预筑衬砌结构外侧围岩压力变化规律与传统的拱脚外侧受到的被动土压力有所区别。在管幕预筑永久曲墙衬砌结构内部的土方开挖过程中，曲墙衬砌结构拱腰和拱脚有收敛趋势，拱顶有向上回弹趋势，拱腰处围岩压力由被动土压力向静止土压力变化，拱脚围岩压力则由静止土压力向主动土压力变化，表明管幕预筑衬砌结构的计算中采用静止土压力计算是合理的。

8.2 展望

管幕预筑法建造地下空间技术是一种新型的地下工程暗挖技术，在成果鉴定会上，由院士领衔的专家组认为该技术达到了国际领先水平，值得进一步的研究与推广。由于时间和精力的限制,本书主要针对管幕预筑地铁站施工力学效应进行了研究,尚有许多理论问题和技术问题亟待解决。

　　管幕预筑法成功应用于沈阳地铁 2 号线新乐遗址站的建设,随后又成功应用在港珠澳大桥珠海连接线拱北隧道、上海地铁 14 号线桂桥路站和太原迎泽大街下穿火车站通道工程中,其优越性得到了业内的高度肯定,随着应用的增多和不断改进创新,管幕预筑法在我国地下空间建造过程中必将得到更加广泛的应用。

参考文献

[1] Li Y S, Zhang K N, Huang C B, et al. Numerical simulation on the ground deformation by Pipe-roof Pre-construction Method [P]. Consumer Electronics, Communications and Networks (CECNet), 2011 International Conference on, 2011.

[2] Li Y S, Zhang K, Huang C, et al. Analysis of the ground deformation to large cross-section tunnel by Pipe-roof Pre-construction Method [P]. Mechanic Automation and Control Engineering (MACE), 2011 Second International Conference on, 2011.

[3] Yang X, Li Y S. Research of surface settlement for a single arch long-span subway station using the Pipe-roof Pre-construction Method [J]. Tunnelling and Underground Space Technology incorporating Trenchless Technology Research, 2018, 72.

[4] Admiraal J B M. A bottom-up approach to the planning [J]. Tunnelling and Underground Space Technology, 2006(21): 464 – 465.

[5] Kayo Tajima. New estimates of the demand for urban green space: implications for valuing the environmental benefits of Boston's big dig project [J]. Journal of Urban Affairs, 2003, 25(5): 641 – 655.

[6] Nikolai Bobylev. Underground space in the Alexanderplatz area, Berlin: Research into the quantification of urban underground space use [J]. Tunnelling and Underground Space Technology, 2010(25): 495 – 507.

[7] Zhang P, Chen Z L, Yang H G, et al. On utilization of underground space to protect historical relics model [J]. Tunnelling and Underground Space Technology, 2009, (24): 245 – 249.

[8] Mohammad H, Sadaghiani, Saleh Dadizadeh. Study on the effect of a new construction method for a large span metro underground station in Tabriz-Iran [J]. Tunnelling and Underground Space Technology, 2010(25): 63 – 69.

[9] Claudio Oggeri, Gunnar Ova. Quality in tunneling: ITA-AITES working group 16 final report [R]. Tunneling and Underground Space Technology, 2004(19): 239 – 272.

[10] Renato E B, Kael R. Tunnel design and construction in extremely difficult ground conditions [J]. Tunnel, 1998(8): 23 – 31.

[11] Alfed Haack. Latest achievment and perspectives in tunnel safety [J]. Tunnelling and Underground Space Technolongy, 2004, (19): 305 – 310.

[12] Liu W, Luo F, Mei J. A New Construction Methed for a Metro for a Metro Station in Bei Jing [J]. Tunneling and underground space technology, 2000, 15(4): 409-413.

[13] Kenichi Inose. Construction of the underground ventilation station while shield machines pass 1. 5m underneath[J]. Tunnelling and Underground Space Technology, 2006, (21): 335-336.

[14] Mohammad H. Sadaghiani. Study on the effect of a new construction method for a large span metro underground station in Tabriz-Iran[J]. Tunnelling and Underground Space Technology, 2010, (25): 63-69.

[15] Coulter S, Martin C D. Effect of jet-grouting on surface settlements above the Aeschertunnel Switzerland[J]. Tunnelling and Underground Space Technology, 2006, (21): 542-553.

[16] Kim Jeongyoon, Park Innjoon, Kim Kyunggon. A study on the Applicabilitity of Underground Structure Using Steel Tubular in Korean Geotechnical Condition[J]. Tunneling Technology, Korean, 2003, 5(4): 401-409.

[17] Park I J, Kwak C W, Kim S W, et al. Verification and general behaviour of Tubular Roof & Trench method(TR&T) by numerical analysis in Korea[J]. Tunnelling and Underground Space Technology, 2006, (21): 394.

[18] Kwak C W, Park I J, Kim S H, et al. Seismic behavior of Tubular Roof & Trench method(T. R. &T) by numerical analysis[J]. Underground Space – the 4th Dimension of Metropolises. London: Taylor&Francis Group, 2007: 513-518.

[19] Peck R B. Deep excavations and tunnelling in soft ground[C]. Proc. 7th Int. Conf. SMFE, Mexico City, State of the Art Volume, 1969: 225-290.

[20] Attewell P B, Yeates J, Selby A R. Soil movements induced by tunnelling and their effects on pipelines and structures[M]. Glasgow: Blackie, 1986: 10-50.

[21] O'Reilly M P, New B M. Settlements above tunnels in the United Kingdom-their magnitude and prediction[J]. Tunnelling, 1982, (82): 173-181.

[22] Burland J B, Standing J R, Jardine F M. Assessing the risk of building due to tunnelling—lessons from the Jubilee Line Extension, London[C]. Geotechnical Engineering: meeting society needs. Proc. of the Fourth Southeast Asian Geotechnical Conf., Hong Kong: K. K. S. Ho and K. S. Li., 2001: 17-44.

[23] Eisenstien Z, EI-Nahhas F, Thomson S. Strain field around a tunnel in stiff soil[C]. 10th Int. Conf. on Soil Mech. and Found Engrg., Vol. 1, A. A. Balkema, Rotterdam, The Netherlands, 1987: 283-288.

[24] New B M, O'Reilly M P. Tunneling induced ground movements, predicting their magnitude and effects[C]. Proc., 4th Confon Ground Movements and Structures, 1991: 165-173.

[25] Lo K Y, Rowe R K. Prediction of ground subsidence due to tunnel-ing in clays[J]. Res. Rep. CEOT., Facu. of Engrg. Sci., Univ of Western Ontario, London, Ont., Canada, 1982: 10-82.

[26] Rowe R K, Kack G J. A theoretical examination of settlements induced by tunneling Four Case Histories[J]. Canadian Geotechnical Journal, 1983, (20): 299-314.

[27] Lee K M, Powe R K, Lo K Y. subsidence owing to tunneling1: Estimating the gap parameter [J]. Canadian Geotechnical Journal, 1992, (19): 929 –941.

[28] Sagaseta C. Analysis of undrained soil deformation due to ground loss [J]. Geotechnique, London, 1987, 37(3): 301 –320.

[29] Verruijt A, and Booker J R. Surface settlements due to deformation of a tunnel in an elastic half plane[J]. Geotechnique, London, 1996, (46): 753 –756.

[30] Loganathan N, and Poulos H G. Analytical prediction for tunneling-induce ground movements in clays[J]. Journal of Geotechnical and Geoenvironmental Engineering. , ASCE, 1998, 124(9): 845 –856.

[31] Park K H. Elastic Solution for Tunneling-Induced Ground Movements in Clays[J]. International Journal of Geomechanics, 2004, (10): 310 –318.

[32] Neaupane K M, Adhikari N. R. . Prediction of tunneling-induced ground movement with the multi-layer perceptron[J]. Tunnelling and Underground Space Technology, 2006, (21): 151 – 159.

[33] Wang S, Yin S D. A closed-form solution for a spherical cavity in the elastic-brittle-plastic medium[J]. Tunnelling and Underground Space Technology, 2011, (26): 236 –241.

[34] Kyung-Ho Park, Bituporn Tontavanich, Joo-Gong Lee. A simple procedure for ground response curve of circular tunnel in elastic-strain softening rock masses[J]. Tunnelling and Underground Space Technology, 2008, (23): 151 –159.

[35] Ahamad Fahimifar, Mohammad Reza Zareifard. A theoretical solution for analysis of tunnels below groundwater considering the hydraulic – mechanical coupling [J]. Tunnelling and Underground Space Technology, 2009, (24): 634 –646.

[36] Mandal S K, Singh M M. Evaluating extent and causes of overbreak in tunnels[J]. Tunnelling and Underground Space Technology, 2009, (24): 22 –36.

[37] Chen S L, Lee S C, Gui M W. Effects of rock pillar width on the excavation behavior of parallel tunnels[J]. Tunnelling and Underground Space Technology, 2009, (24): 148 –154.

[38] Chen R P, Zhu J, Liu W, et al. Ground movement induced by parallel EPB tunnels in silty soils [J]. Tunnelling and Underground Space Technology, 2011, (26): 163 –171.

[39] Lu A Z, Zhang L q, Zhang N. Analytic stress solutions for a circular pressure tunnel at pressure and great depth including support delay[J]. International Journal of Rock Mechanics & Mining Sciences, 2011, (48): 514 –519.

[40] Jia P, Tang C A. Numerical study on failure mechanism of tunnel in jointed rock mass[J]. Tunnelling and Underground Space Technology, 2008, (23): 500 –507.

[41] T. Funatsu, T. Hoshino, H. Sawae, et al. Numerical analysis to better understand the mechanism of the effects of ground supports and reinforcements on the stability of tunnels using the distinct element method[J]. Tunnelling and Underground Space Technology, 2008, (23): 561 –573.

[42] Youn-Kyou Lee, S. Pietruszczak. A new numerical procedure for elasto-plastic analysis of a circular opening excavated in a strain-softening rock mass [J]. Tunnelling and Underground

Space Technology, 2008, (23): 588 –599.

[43] Yousef Hejazi, Daniel Dias, Richard Kastner, et al. Impact of constitutive models on the numerical analysis of underground constructions[J]. Acta Geotechnica, 2008, (3): 251 –258.

[44] M. Azadi, S. M. Mir Mohammad Hosseini. Analyses of the effect of seismic behavior of shallow tunnels in liquefiable grounds[J]. Tunnelling and Underground Space Technology, 2010, (25): 543 –552.

[45] Debasis Deb, Kamal C. Das. Modelling of fully grouted rock bolt based on enriched finite element method[J]. International Journal of Rock Mechanics & Mining Sciences, 2011, (48): 283 –293.

[46] G. Fernandez, J. Moon. Excavation-induced hydraulic conductivity reduction around a tunnel – Part2: Verification of proposed method using numerical modeling [J]. Tunnelling and Underground Space Technology, 2010, (25): 567 –574.

[47] Itasca Consulting Group. User's Guid. Minnesota: Itasce consulting group[M]. 2002: 21 –43.

[48] Loganathan N, and Poulos H G.. Analytical prediction for tunneling-induced ground movements in clays[J]. Geotech Geoenviron. Eng, 1998, 124(9): 846 –856.

[49] Celestino T B, Gomes R A M P and Bortolucci A A. Errors in Ground Distortions Due to Settlement Trough Adjustment[J]. Tunnelling and Underground Space Technology, 2000, 15 (1): 97 –100.

[50] Choua Wei-I, Antonio Bobetb. Predictions of ground deformations in shallow tunnels in clay[J]. Tunnelling and Underground Space Technology, 2002, (17): 3 –19.

[51] 黎永索, 阳军生, 张可能, 等. 弧形密排大直径管群顶管地表沉降分析[J]. 中南大学学报 (自然科学版), 2013, 44(11): 4687 –4693.

[52] 黎永索, 张可能, 黄常波, 等. 管幕预筑隧道地表沉降分析[J]. 岩土力学, 2011, 32(12): 3701 –3707.

[53] 黎永索, 张可能, 黄常波. 管幕预筑隧道衬砌结构现场监测分析[J]. 岩土工程学报, 2012, 34(8): 1541 –1547.

[54] 黎永索, 张可能, 黄常波. 管幕预筑浅埋隧道稳定性分析[J]. 中南大学学报(自然科学版), 2012, 43(9): 3646 –3651.

[55] 黎永索, 李珊珊. 大直径钢管顶管施工技术研究[J]. 湖南城市学院学报(自然科学版), 2017, 26(1): 1 –4.

[56] 黎永索. 管幕预筑地铁站大开挖施工力学效应研究[D]. 中南大学, 2012.

[57] 黎永索, 阳军生. 一种自密实加固与防渗先导管顶管装置及其使用方法[P]. 湖南: ZL103032629B, 2014 –09 –10.

[58] 黎永索, 曾旺辉, 张胜, 等. 顶管机工具管及应用[P]. 湖南: ZL106369224B, 2018 – 12 –11.

[59] 黎永索, 曾旺辉, 张胜, 等. 地下空间结构建造施工方法及应用[P]. 湖南省: ZL107060845B, 2019 –01 –15.

[60] 黎永索, 曾旺辉, 陈宏伟, 等. 隧洞施工方法及应用[P]. 湖南省: ZL106930768B, 2019 –

01 - 15.

[61] 黎永索，曾旺辉，黎剑超，等.顶管实验箱[P]，湖南省：ZL2019203713371, 2019 - 12 - 24.

[62] 黎永索，曾旺辉，黎剑超，等.顶管实验箱的顶管[P]，湖南省：ZL2019102218140, 2019 - 12 - 24.

[63] 黎永索，曾旺辉，陈宏伟，等.顶管实验箱的加载装置[P]，湖南省：ZL2019203718587, 2019 - 12 - 24.

[64] 黎永索，曾旺辉，陈宏伟，等.顶管实验箱的反力架[P]，湖南省：ZL2019203713333, 2020 - 01 - 10.

[65] 张可能，黎永索，杨仙，等.预筑法(PCM)建造地下空间综合技术研究报告[R].长沙：中南大学，2011.

[66] 张可能，彭环云，许庆伟，等.管幕预筑法竖井开挖与顶管施工过程数值模拟分析[J].中国有色金属学报，2012, 22(3)：985 - 990.

[67] 杨仙，张可能，黎永索等.深埋顶管顶力理论计算与实测分析[J].岩土力学，2013, 34(3)：757 - 761.

[68] 杨仙，张可能，李钟，等.管幕预筑法中钢管顶进对地表沉降的影响[J].沈阳工业大学学报，2012, 34(4)：469 - 473.

[69] 杨仙，张可能，李钟，等.地铁车站新预筑法施工中顶管间距的优化设计[J].中国铁道科学，2011, 32(2)：61 - 66.

[70] 杨仙.管幕预筑法中密排大直径钢管群顶进研究[D].中南大学，2012.

[71] 许庆伟.新管幕法竖井施工过程分析研究与实践[D].中南大学，2011.

[72] 陈涛，刘爽，钱洪福，等.新管幕法工作竖井 H 型钢桩护坡施工技术[J].城市轨道交通研究，2010, 13(11)：65 - 68.

[73] 郭宏智，罗泽华，朱军军，等.地铁车站管幕预筑法施工注浆技术[J].现代城市轨道交通，2012(2)：36 - 39.

[74] 郭宏智，任红涛，郭瑞琪，等.管幕预筑法大直径长距离钢管顶进施工技术[J].施工技术，2013, 42(7)：63 - 67 + 70.

[75] 仝学让，姚春艳，陈菊.沈阳地铁创新技术特点[J].都市快轨交通，2015, 28(6)：12 - 17.

[76] 李积栋，油新华.支护 - 结构一体化管幕预筑法地铁车站优化分析[J].施工技术，2018, 47(13)：89 - 93.

[77] 李积栋，油新华.强震作用下支护 - 结构一体化管幕预筑法地铁车站地震响应研究[J].现代隧道技术，2019, 56(3)：72 - 78.

[78] JGJ/T 375—2016 管幕预筑法施工技术规范[S]，中华人民共和国住房与城乡建设部.

[79] 钱七虎.城市可持续发展与地下空间开发利用[J].地下空间，2003, 23(1)：83 - 86.

[80] 王梦恕.21 世纪我国隧道及地下空间发展的探讨[J].铁道科学与工程学报，2004, 1(1)：7 - 9.

[81] 于波，张永辉，林艳.城市空间的立体开发与利用[J].辽宁工程技术大学学报，2004, 23(3)：349 - 351.

[82] 吴立新，姜云，车德福，等.城市地下空间资源质量模糊综合评估与3D可视化[J].中国矿业大学学报，2007，36(1)：97－101.

[83] 李小春，蒋宇静.日本的地下空间利用[J].岩石力学与工程学报，2004，23(S2)：4770－4777.

[84] 钱七虎，戎晓力.中国地下工程安全风险管理的现状、问题及相关建议[J].岩石力学与工程学报，2008，27(4)：649－655.

[85] 贾建清.复杂条件下隧道支护体时效可靠性及风险管理研究[D].重庆：重庆大学，2006.

[86] 尹清锋.盾构穿越在建预筑法车站同步施工技术[A].北京盾构机专业委员会.2011中国盾构技术学术研讨会论文集[C].北京盾构机专业委员会：《市政技术》编辑部，2011：6.

[87] 邢凯，陈涛，黄常波.新管幕工法概述[J].城市轨道交通研究，2009，(8)：63－67.

[88] 李兆平，黄庆华，马天文.下穿大型铁路站场的地铁车站施工对线路变形影响的监测分析[J].岩石力学与工程学报，2005，24(S2)：5569－5575.

[89] 苏斌.明挖顺筑法深基坑加固设计与施工控制技术[J].铁道建筑，2006，(3)：35－37.

[90] 徐岩，赵文，李慎刚.地铁建设中的环境岩土工程问题分析[J].工程勘察，2007，(7)：11－14.

[91] 张俊儒，仇文革.正削式隧道门围岩和衬砌应力计算及设计方法研究[J].岩土力学，2006，27(11)：2071－2075.

[92] 曹红林.明挖基坑内地铁矿山法隧道进洞的设计与施工[J].铁道工程学报，2009，10(133)：106－110.

[93] 王海平，刘燕，刘涛.岩石地区明暗结合基坑工程设计[J].岩土工程学报，2010，32(S2)：343－346.

[94] 温锁林.近距离上穿运营地铁隧道的基坑明挖施工控制技术[J].岩土工程学报，2010，32(S2)：451－454.

[95] 杨晓杰，刘冬明，张帆，等.地铁隧道明挖法施工基坑支护稳定性研究[J].地下空间与工程学报，2010，6(3)：516－520.

[96] 肖铭钊，周承豪，程芸，等.有限元与改进单纯形法联合编程技术在位移反分析中的应用[J].岩土力学，2011，32(3)：899－904.

[97] 王海平，刘燕，刘涛.岩石地区明暗结合基坑工程设计[J].岩土工程学报，2010，32(S2)：343－346.

[98] 甘百先.地铁车站盖挖顺筑法施工技术研究[D].成都：西南交通大学，2003.

[99] 陆传波，张明聚，曹水群，等.北京地铁4#线西单站施工方案比选[J].北京工业大学学报，2007，33(2)：160－164.

[100] 李顺群，刘双菊，王英红.基于理想弹性理论的地下连续墙解析解研究[J].武汉理工大学学报，2009，31(20)：83－87.

[101] 徐加民.浅谈引进装配式铺盖法修建地铁车站[J].铁道工程学报，2009，132(9)：90－92.

[102] 陈鹤，孙立柱.超深大基坑"半逆筑"环板支撑体系的应用及力学分析[J]工业建筑，2010，40(S1)：1160－1165.

[103] 陈海锋，何军"明挖扣拱法"的产生和应用[J].公路，2010，(1)：215－218.

[104] 瞿万波,刘新荣,傅晏,等.洞桩法大断面群洞交叉隧道初衬数值模拟[J].岩土力学,2009,30(9):2799-2804.

[105] 高雷成.浅埋暗挖洞桩法应用理论研究[D].成都:西南交通大学,2002.

[106] 罗福荣,国斌.北京地铁天安门西站"暗挖逆筑法"[J].岩土工程学报,2001,23(1):75-78.

[107] 杜建华,鲍薇,刘志娜,等.北京地铁十号线光华路站开挖群洞效应的数值模拟研究[J].北京科技大学学报,2007,29(2):36-41.

[108] 杜彬.地铁车站浅埋暗挖法施工对邻近桩基的影响及控制措施[D].北京:北京交通大学,2007.

[109] 何海健.地铁洞桩法施工对邻近桥桩的影响与控制[D].北京:北京交通大学,2007.

[110] 王霆,刘维宁,张成满,等.地铁车站浅埋暗挖法施工引起地表沉降规律研究[J].岩石力学与工程学报,2007,26(9):1855-1861.

[111] 张忠苗,林存刚,吴世明,等.过江盾构隧道穿越大堤的地层沉降分析及控制[J].岩土工程学报,2011,33(6):977-984.

[112] 路美丽.盾构先行条件下拓展地铁车站的方案研究及风险分析[D].北京:北京交通大学,2007.

[113] 张新金,刘维宁,路美丽,等.盾构法与明挖法结合建造地铁车站的结构方案研究[J].铁道学报,2009,31(6):83-89.

[114] 万敏,白云,陈文财.管幕箱涵顶进施工中迎面土压力研究[J].土木工程学报,2007,40(6):59-63.

[115] 熊谷镒.台北复兴北路穿越松山机场地下道之规划与设计[J].福州大学学报(自然科学版),1997,25(S1):56-60.

[116] 肖世国,朱合华,夏才初,等.管幕内顶进箱涵顶部管幕承载作用的分析[J].岩石力学与工程学报,2005,24(18):3355-3358.

[117] 朱合华,闫治国,李向阳,等.饱和软土地层中管幕法隧道施工风险分析[J].岩石力学与工程学报,2005,24(2):5549-5554.

[118] 刘宝琛,张家生.近地表开挖引起的地表沉降的随机介质方法[J].岩石力学与工程学报,1995,14(4):289-296.

[119] 阳军生,李建生,傅金阳.隧道施工对邻近结构物影响评价软件的开发[J].地下空间与工程学报,2011,7(1):168-184.

[120] 晏莉,阳军生,刘宝琛.浅埋双孔平行隧道开挖围岩应力和位移分析[J].岩土工程学报,2011,33(3):413-419.

[121] 庞建勇.软弱围岩隧道新型半刚性网壳衬砌结构研究及应用[D].南京:东南大学,2006.

[122] 杨健.工程降水引发的地表沉降研究[D].武汉:中国地质大学,2005.

[123] 缪林昌,王非,吕伟华.城市地铁隧道施工引起的地表沉降[J].东南大学学报自然科学版,2008,32(2):293-297.

[124] 张志国,肖明,陈俊涛.大型地下洞室地震灾变过程三维动力有限元模拟[J].岩石力学

与工程学报, 2011, 30(3): 509 - 523.

[125] 张志强, 师晓权, 何川. 基于流固耦合的水底隧道仰拱受力分析与优化[J]. 铁道学报, 2011, 33(1): 108 - 113.

[126] 刘波, 韩彦辉. FLAC 原理实例与应用指南[M]. 北京: 人民交通出版社, 2005.

[127] 龚纪文, 席先武, 王岳军, 林舸. 应力与变形的数值模型方法[J]. 华东地质学院学报, 2002, 25(3): 220 - 227.

图书在版编目(CIP)数据

管幕预筑地铁站施工力学效应研究 / 黎永索,张可能,杨仙著. —长沙:中南大学出版社,2020.2
ISBN 978 – 7 – 5487 – 3917 – 3

Ⅰ.①管… Ⅱ.①黎… ②张… ③杨… Ⅲ.①地下铁道车站－工程施工－工程力学－研究 Ⅳ.①U231

中国版本图书馆 CIP 数据核字(2020)第 006085 号

管幕预筑地铁站施工力学效应研究

黎永索 张可能 杨 仙 著

□责任编辑	刘颖维	
□责任印制	周 颖	
□出版发行	中南大学出版社	
	社址:长沙市麓山南路	邮编:410083
	发行科电话:0731 – 88876770	传真:0731 – 88710482
□印 装	长沙印通印刷有限公司	

□开 本	710 mm×1000 mm 1/16 □印张 9.75 □字数 193 千字
□版 次	2020 年 2 月第 1 版 □2020 年 2 月第 1 次印刷
□书 号	ISBN 978 – 7 – 5487 – 3917 – 3
□定 价	88.00 元